Themen neu

Ausgabe in zwei Bänden

Lehrwerk für Deutsch als Fremdsprache

Kursbuch 1

von
Hartmut Aufderstraße
Heiko Bock
Mechthild Gerdes
Jutta Müller
und Helmut Müller

Max Hueber Verlag

Piktogramme

 Hör-Sprech-Text
auf Kassette

 Lesen

 §8 Hinweis auf die
Grammatikübersicht
im Anhang
(S. 196 – 226)

 Hörtext auf Kassette

 Schreiben

Verlagsredaktion: Werner Bönzli
Layout und Herstellung: Erwin Faltermeier
Illustrationen: Joachim Schuster, Baldham; Ruth Kreuzer, London
Umschlagfoto: © Deutsche Luftbild, Hamburg

Der Umwelt zuliebe:
gedruckt auf chlor- und säurefreiem Papier

3. 2. 1.   Die letzten Ziffern bezeichnen
1998 97 96 95 94 | Zahl und Jahr des Druckes.
Alle Drucke dieser Auflage können, da unverändert,
nebeneinander benutzt werden.
1. Auflage
© 1994 Max Hueber Verlag, D-85737 Ismaning
Satz: ROYAL MEDIA Publishing, Haidgraben 1b, 85521 Ottobrunn
Druck: Appl, Wemding
Buchbinderische Verarbeitung: Ludwig Auer GmbH, Donauwörth
Printed in Germany
ISBN 3–19–001566–X

Inhalt

1. Guten Tag!

Mein Name ist	...	
Ich heiße		

Wer ist	Herr...?	Ich.
	Frau...?	Das bin ich.

Sind Sie	Herr...?	Nein,	ich heiße...
	Frau...?		mein Name ist...

2. Wie heißen Sie? – Wie heißt du?

Guten Abend! Ich heiße Elfriede Koch.

Mein Name ist Hannelore Herzog.

Hallo, ich bin die Lea. Wie heißt du?

Ich heiße Christian.

Mein Name ist...
Wie heißen Sie?

Hallo, ich bin | die Lea/...
| der Paul/...

Und | wie heißt | du?
| wer bist |

3. Wie geht es Ihnen?

Ah, Herr König. Guten Morgen!

Guten Morgen, Herr Hoffmann. Wie geht es Ihnen?

Es geht. Und Ihnen?

Danke, gut!

Guten Morgen, | ...
Hallo, |

Wie geht es | Ihnen?   Danke, | gut.
| dir? | es geht.

Und | Ihnen?
| dir?

Danke, auch gut.
Es geht.

4. Noch einmal, bitte langsam!

○ Wie heißen Sie, bitte? □ Kunio Otani.
○ Wie ist Ihr Familienname? □ Otani.
○ Noch einmal, bitte langsam! □ O - ta - ni.
○ Wie schreibt man das?
  Buchstabieren Sie, bitte! □ O - t - a - n - i.
○ Und Ihr Vorname? □ Kunio.
  □ K - u - n - i - o.

○ Und wo wohnen Sie? □ In Erfurt.
○ Ihre Adresse? □ Ahornstraße 2, 99084 Erfurt.
○ Und wie ist Ihre Telefonnummer? □ 3 - 8 - 9 - 4.
○ Danke schön! □ Bitte schön!

5. Ergänzen Sie.

Familienname	Vorname	Wohnort	Straße	Telefon

a) Wie ist | Ihr | Name?
　　　　　　 | dein | Vorname?
　　　　　　　　　　 | …?

b) Fragen Sie im Kurs.

§ 44

Wie heißen Sie?
Wo wohnen Sie?
Wie ist Ihre …?

Wie heißt du?
Wo wohnst du?
Wie ist deine …?

Ihr | Name
dein | Familienname
　　 | Vorname

Ihre | Adresse
deine | Telefonnummer

Wie heißen Sie, bitte?

Luisa Tendera.

Wie heißt du?

A a B e C e D e E e e F G e H a I i J ot
K a e L e M e N O o P e Q u e R e S
T e U u V au W e i X Y psilon Z et
Ä ä a-Umlaut Ö ö o-Umlaut Ü ü u-Umlaut ß EsZet

6. Zahlen: Null bis Hundert

0	null	10	zehn	20	zwanzig	100	hundert
1	eins	11	elf	21	einundzwanzig		
2	zwei	12	zwölf	22	zweiundzwanzig		
3	drei	13	dreizehn	23	dreiundzwanzig	30	dreißig
4	vier	14	vierzehn	24	vierundzwanzig	40	vierzig
5	fünf	15	fünfzehn	25	fünfundzwanzig	50	fünfzig
6	sechs	16	sechzehn	26	sechsundzwanzig	60	sechzig
7	sieben	17	siebzehn	27	siebenundzwanzig	70	siebzig
8	acht	18	achtzehn	28	achtundzwanzig	80	achtzig
9	neun	19	neunzehn	29	neunundzwanzig	90	neunzig

7. Postleitzahlen

Die Postleitzahl ist einundsiebzig dreiundsiebzig zwei. Wie heißt der Ort?

Wie ist die Postleitzahl von ..., bitte?

73527 Täferrot
93104 Taimering
74388 Talheim Neckar
78607 Talheim Kreis Tuttlingen
71732 Tamm
23623 Tankenrade
84367 Tann Niederbayern
36142 Tann Rhöngebirge
86977 Tannenberg
73497 Tannhausen
88459 Tannheim Württemberg
38479 Tappenbeck
24594 Tappendorf
27412 Tarmstedt

8. Postkarten

a) Hören Sie Gespräch eins und notieren Sie die Adresse.

b) Hören und notieren Sie zwei weitere Adressen.

9. Wer ist da, bitte?

a) Hören Sie und notieren Sie:

b) Hören Sie noch einmal und lesen Sie:

○ Kaufmann.
○ Kaufmann.
○ Nein, hier ist 32 66 20.
○ Macht nichts.

□ Wer ist da, bitte?
□ Ist da nicht Gräfinger? 32 36 20?
□ Oh, Entschuldigung!

c) Spielen Sie weitere Dialoge.

1. Martin Sager	42 56 99	*Heinz Meyer*	*42 56 89*
2. Brigitte Lang	96 85 29	*Otto Kreuzer*	*96 55 27*
3. Franz Fuchs	93 61 73	*Maria Müller*	*93 33 28*
4. Heinz Lehmann	77 35 43	*Barbara Völler*	*77 65 43*
5. Hilde Anselm	34 11 58	*Kurt Schneider*	*24 11 58*

○ ...
○ ...
○ Nein, hier ist...
○ Macht nichts.

□ Wer ist da, bitte?
□ Ist da nicht...?
□ Oh, Entschuldigung!

10. Wieviel ist das?

1. vierzig *plus* drei *plus* fünf *ist*...
2. sieben + zehn + zwei = ...
3. sechzig *minus* zwanzig = ...
4. achtzehn − zwölf + drei = ...
5. sechsunddreißig − fünfzehn = ...
6. fünf *mal* drei + drei = ...
7. acht x vier − eins = ...
8. sechzehn *durch* vier + fünf = ...
9. zwanzig : zwei × fünf = ...
10. dreizehn + siebzehn : sechs = ...

11. Wie weiter?

1 − 3 − 5 − ...
30 − 28 − 26 − ...
11 − 22 − 33 − ...
98 − 87 − 76 − 65 − ...
50 − 60 − 40 − 70 − 30 − ...
...

Lösung Seite 195

Düsseldorf ist international

Julia Omelas Cunha

Victoria Roncart

Farbin Halim

KOTA OIKAWA

Sven Gustafsson

Das sind Kinder aus aller Welt. Sie kommen aus Brasilien, Frankreich, Indien, Japan und Schweden. Sie wohnen in Düsseldorf, denn ihre Eltern arbeiten da.
In Deutschland leben etwa fünf Millionen Ausländer. In Düsseldorf sind es etwa 100 000.

Düsseldorf ist international.

12. Was meinen Sie?

○ Woher	kommt	Julia?		□ Er	kommt	aus...
	ist	Sven?		Sie	ist	
	kommen	...		Sie	kommen	
	sind	...			sind	Lösung Seite 195

13. Und woher kommen Sie?

Ich komme aus Bergen in Norwegen. Und woher kommen Sie?

Ich komme aus Indien. Aus Delhi.

Ich bin aus Spanien.

§ 32, 34
§ 12

4 Leute, Leute.

§ 46 a), b)
§ 60

Das ist Angelika Wiechert.
Sie kommt aus Dortmund;
jetzt lebt sie in Hamburg.
Sie ist verheiratet und hat zwei Kinder.
Frau Wiechert ist 34 Jahre alt
und Ingenieurin von Beruf.
Aber zur Zeit ist sie Hausfrau.
Die Kinder sind noch klein.
Angelika Wiechert hat zwei Hobbys:
Lesen und Surfen.

Maja und Gottfried Matter wohnen in Brienz.
Sie sind Landwirte und arbeiten zusammen.
Maja ist 42, Gottfried ist 44 Jahre alt.
Sie haben vier Kinder.
Ein Junge studiert Elektrotechnik in
Basel, ein Mädchen lernt Bank-
kauffrau in Bern.
Zwei Kinder sind noch Schüler.
Auch sie möchten später nicht
Landwirte werden.

14. Ergänzen Sie.

Name	Beruf	Wohnort	Familienstand	Kinder	Alter
A. Wiechert					
M. und G. Matter					

Katja Heinemann ist Ärztin in Leipzig.
Sie ist 29 Jahre alt.
Sie ist ledig und hat ein Kind.
Berufstätig sein und ein Kind erziehen,
das ist nicht leicht.
Katja Heinemann spielt sehr gut Klavier.
Das ist ihr Hobby.

Klaus-Otto Baumer, Automechaniker,
wohnt in Vaduz.
Er hat dort eine Autofirma.
Er ist 53 Jahre alt und verwitwet.
Herr Baumer ist oft in Österreich
und in der Schweiz.
Dort kauft und verkauft er Autos.
Sein Hobby ist Reisen.

Ingenieur   – Ingenieurin
Landwirt   – Landwirtin
Mechaniker   – Mechanikerin
Arzt   – Ärztin

Name	Beruf	Wohnort	Familienstand	Kinder	Alter
K. Heinemann					
K.-O. Baumer					

15. Schreiben Sie drei Texte.

Ewald Hoppe
Polen
Rostock
60 Jahre
Elektrotechniker
verheiratet mit Irena Hoppe
Zwei Kinder: 24 und 20

Das ist...
Er kommt aus...
Er wohnt in...
Er ist...
Er...
...
Er hat...; sie sind...

§ 32, 34

Monika Sager, Manfred Bode,
Paul Winterberg
Berlin, Flemingstraße 25
Monika, 23, Studentin (Medizin),
    ledig
Manfred, 27, Lehrer (Englisch),
    ledig
Paul, 26, Fotograf; geschieden

Das sind...

Sie wohnen...
Monika ist...
Sie studiert...
Manfred...

Klaus Henkel
Wien
40, ledig
Programmierer bei Müller & Co.
Hobby: Tennis spielen

Das...
Er...
...
...
Sein Hobby...

16. Hören Sie.

Wer spricht? Klaus-Otto Baumer? Manfred Bode? Katja Heinemann? Klaus Henkel? Ewald
Hoppe? Gottfried Matter? Maja Matter? Monika Sager? Angelika Wiechert?

17. Und jetzt Sie: Wer sind Sie?

a) Ergänzen Sie: Beruf: _____ Familienstand: _____ Alter: _____
    Wohnort: _____ Land: _____
    Hobbys: _____ Kinder: _____

b) Schreiben Sie und lesen Sie dann laut:

    Ich heiße...   Ich komme aus...   Ich wohne in...

c) Fragen Sie im Kurs und berichten Sie dann:

    Das ist...   Sie kommt aus...

1. Klaus Henkel
Programmierer

2. John Roberts
Ingenieur

3. Anton Becker
Kaufmann

4. Rita Kurz
Sekretärin

5. Jochen Pelz, Werner Beil
Schlosser

6. Paul Schäfer
Mechaniker

Müller & Co.

7. Margot Schulz
Telefonistin

○ Guten Tag, ist hier noch frei?
□ Ja, bitte. – Sind Sie neu hier?
○ Ja, ich arbeite erst drei Tage hier.
□ Ach so. Und was machen Sie?
○ Ich bin Ingenieur. Und Sie?
□ Ich bin Programmierer.
  Übrigens: Ich heiße Klaus Henkel.
○ Ich bin John Roberts.
□ Kommen Sie aus England?
○ Nein, aus Neuseeland.
□ Sie sprechen aber schon gut Deutsch.
○ Na ja, es geht.

18. Schreiben und spielen Sie einen Dialog.

○ Ist hier frei?

□ Ja, bitte.

○ Sind Sie neu hier?

□ Ja, ich arbeite erst drei Tage hier.
  Nein, ich arbeite schon vier Monate hier.

○ Und was machen Sie?
  Was sind Sie von Beruf?

□ Ich bin Programmierer. Und Sie?

○ Ich bin...   Übrigens, ich heiße...

□ Und ich heiße...

○ Kommen Sie aus...?

□ Ja.
  Nein, ich komme aus...

○ Sie sprechen aber schon gut Deutsch.

□ Danke!
  Na ja, es geht.

§ 45

John Roberts aus Wellington
Ingenieur, verheiratet, ein Kind
München, Salzburger Straße
spielt Fußball, fotografiert

6

○ Hallo! Habt ihr Feuer?
○ Wartet ihr hier schon lange?
○ Woher kommt ihr?

○ Ich komme aus Bruck.
○ Bei Wien. Ich bin Österreicher.
  Wohin möchtet ihr?

○ Nach Stuttgart.

□ Nein, leider nicht.
□ Es geht.
□ Wir kommen aus Rostock.
  Und woher kommst du?
△ Wo liegt das denn?

△ Nach München.
  Und wohin möchtest du?

19. Wo sind die Tramper?

Lösung Seite 195

20. Spielen Sie weitere Dialoge.

§ 32, 34

21. Hören Sie das Gespräch.

A	B	C	
			studiert Medizin
			spielt Klavier
			wohnt in Fulda
			wohnt in Sanitz

a) C besucht seine Mutter.
b) C hat Geburtstag.
c) C wohnt in Nürnberg.

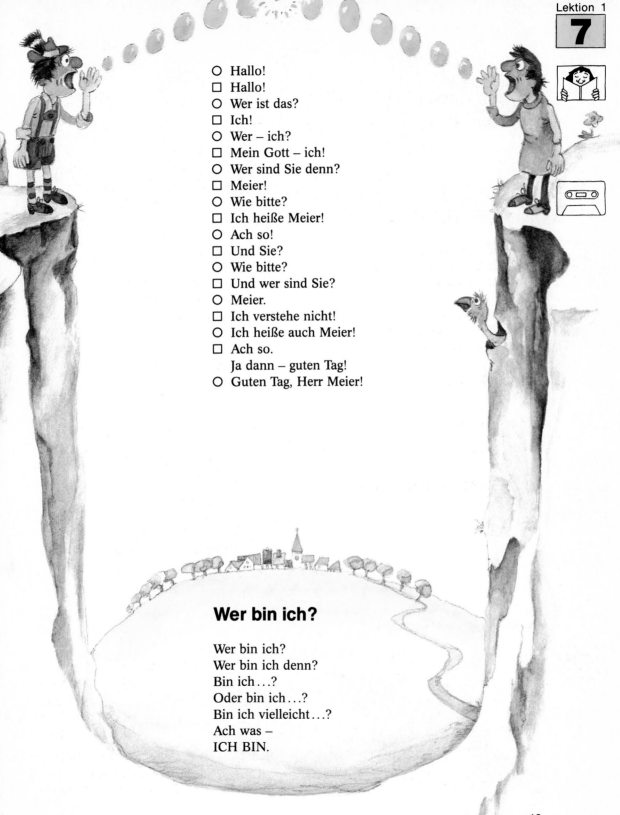

○ Hallo!

□ Hallo!

○ Wer ist das?

□ Ich!

○ Wer – ich?

□ Mein Gott – ich!

○ Wer sind Sie denn?

□ Meier!

○ Wie bitte?

□ Ich heiße Meier!

○ Ach so!

□ Und Sie?

○ Wie bitte?

□ Und wer sind Sie?

○ Meier.

□ Ich verstehe nicht!

○ Ich heiße auch Meier!

□ Ach so.
  Ja dann – guten Tag!

○ Guten Tag, Herr Meier!

Wer bin ich?

Wer bin ich?
Wer bin ich denn?
Bin ich...?
Oder bin ich...?
Bin ich vielleicht...?
Ach was –
ICH BIN.

Herr Weiß aus Schwarz

○ Wie heißen Sie?
□ Weiß.
○ Vorname?
□ Friedrich.
○ Wohnhaft?
□ Wie bitte?
○ Wo wohnen Sie?
□ In Schwarz.
○ Geboren?
□ Wie bitte?
○ Wann sind Sie geboren?
□ Am 5. 5. 55.
○ Geburtsort?
□ Wie bitte?
○ Wo sind Sie geboren?
□ In Weiß.
○ Sind Sie verheiratet?
□ Ja.
○ Wie heißt Ihre Frau?
□ Isolde, geborene Schwarz.
○ Sie sind also Herr Weiß –
  wohnhaft in Schwarz –
  geboren in Weiß –
  verheiratet mit Isolde Weiß –
  geborene Schwarz?
□ Richtig.
○ Und was machen Sie?
□ Wie bitte?
○ Was sind Sie von Beruf?
□ Ich bin Elektrotechniker.
  Aber ich arbeite – schwarz.
○ Das ist verboten.
□ Ich weiß.

1

der Elektroherd

der Tisch

das Foto

die Taschenlampe

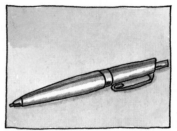

der Kugelschreiber

das Waschbecken

der Taschenrechner

die Lampe

der Stecker

1. Was paßt zusammen?

Entscheiden Sie. Sie haben 5 Minuten Zeit.

der Elektroherd	und *der Topf*
der Tisch	und _____
das Foto	und _____
die Taschenlampe	und _____
der Kugelschreiber	und _____
das Waschbecken	und _____
der Taschenrechner	und _____
die Lampe	und _____
der Stecker	und _____

Singular	Plural
der Tisch	**die** Tische
die Batterie	**die** Batterien
das Foto	**die** Fotos

§ 1

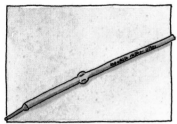

die Mine

die Glühbirne

der Topf

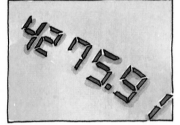

die Zahlen

der Stuhl

die Steckdose

die Batterien

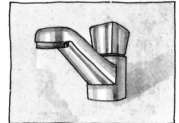

der Wasserhahn

die Kamera

2. Worträtsel.

Ergänzen Sie
die Wörter.

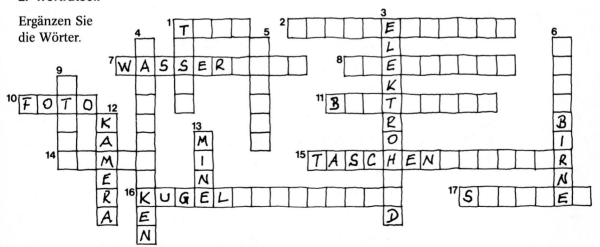

BADENIA–KÜCHEN

Eine Küche ist einfach eine Küche …

oder eine Küche von BADENIA

Das ist ein Küchenschrank.

Das ist ein Küchenschrank von Badenia.

Das ist eine Spüle.

Das ist eine Spüle von Badenia.

Das ist ein Küchenregal.

Das ist ein Küchenregal von Badenia.

Das ist eine Küchenlampe.

Das ist eine Küchenlampe von Badenia.

Das sind Küchenstühle.

Das sind Küchenstühle von Badenia.

Eine Küche von
BADENIA–MÖBEL
Eine Küche für Sie!

Singular	Plural
Das ist …	Das sind …
ein Schrank.	– Schränke.
eine Spüle.	– Spülen.
ein Regal.	– Regale.

3. „Der", „ein" oder „er"? „Die", „eine" oder „sie"? „Das", „ein" oder „es"?

§ 1
§ 21

Das ist ein BADENIA-Küchenschrank. Der Schrank hat 8 Schubladen. Er kostet DM 998,–.

Das ist eine BADENIA-Spüle. Die Spüle hat zwei Becken. Sie kostet DM 299,–.

Das ist ein BADENIA-Kochfeld. Das Kochfeld ist aus Glaskeramik. Es kostet DM 689,–.

Das sind BADENIA-Küchenstühle. Die Stühle sind sehr bequem.
Sie kosten DM 285,–.

Das ist _____ BADENIA-Elektroherd. _____ Herd ist sehr modern. _____ kostet DM 1187,–.

Das ist _____ BADENIA-Mikrowelle. _____ Mikrowelle hat 1000 Watt. _____ kostet DM 868,–.

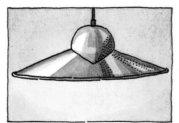

Das ist _____ BADENIA-Geschirrspüler. _____ Geschirrspüler hat 5 Programme. _____ kostet DM 1349,–.

Das ist _____ BADENIA-Küchenlampe. _____ Lampe hat eine 75-Watt-Glühbirne. _____ kostet DM 157,–.

Das ist _____ BADENIA-Küchenregal. _____ Regal ist sehr praktisch. _____ kostet DM 188,–.

Das ist	**ein**	Küchenschrank.	**Der** Schrank hat … .	**Er** kostet … .
Das ist	**eine**	Spüle.	**Die** Spüle hat … .	**Sie** kostet … .
Das ist	**ein**	Kochfeld.	**Das** Feld ist … .	**Es** kostet … .
Das sind	**–**	Küchenstühle.	**Die** Stühle sind … .	**Sie** kosten … .

2 Zwei Personen – Zwei Küchen

Küche 1: Kurt W., 28 Jahre, Verkaufsleiter

Uhr
Bilder
Fernseh-apparat
Telefon
Radio
Waschmaschine
Kühlschrank
Abfalleimer

Küche 2: Herta G., 73 Jahre, Rentnerin

4. Was ist in Küche 1?

Da ist	ein Abfalleimer.	Da sind	vier Stühle.
	eine Waschmaschine.		…
	ein Telefon.		
	…		

5. Was ist in Küche 2?

§ 1

Da ist auch	ein Elektroherd.	Aber da ist	kein Geschirrspüler.
	eine …		keine …
	ein …		kein …
Da sind auch	Stühle.	Aber da sind	keine …
	…		…

Das ist ein Hexenküchenherd.

Singular:	Da ist	**ein** Stuhl	**eine** Lampe	**ein** Bild
		kein Stuhl	**keine** Lampe	**kein** Bild
Plural:	Da sind	Stühle	Lampen	Bilder
		keine Stühle	**keine** Lampen	**keine** Bilder

6. Was kann man hier ersteigern?

3 Telefone, 4 Elektroherde, ...

§ 11

7. Zahlen bis 1000

Hören Sie. Wieviel Geld bieten die Leute? Notieren Sie.

a) Elektroherd: *120,– 130,– 140,– 160,– 180,– 185,– 187,–*

b) Tisch:

c) Schrank:

d) Kühlschrank:

e) Radio:

f) Fernsehapparat:

g) Uhr:

100 hundert	101 hunderteins	111 hundertelf
200 zweihundert	102 hundertzwei	112 hundertzwölf
300 dreihundert	103 hundertdrei	113 hundertdreizehn
400 vierhundert	104 hundertvier	114 hundertvierzehn
500 fünfhundert	105 hundertfünf	115 hundertfünfzehn
600 sechshundert	106 hundertsechs	116 hundertsechzehn
700 siebenhundert	107 hundertsieben	117 hundertsiebzehn
800 achthundert	108 hundertacht	118 hundertachtzehn
900 neunhundert	109 hundertneun	119 hundertneunzehn
1000 tausend	110 hundertzehn	120 hundertzwanzig

Ihr Fernsehapparat funktioniert.

Ihr Telefon funktioniert.

Ihr Radio funktioniert.

Aber ...

seien Sie mal ehrlich:

Ist Ihr Fernsehapparat
originell?
Ist Ihr Telefon witzig?
Ist Ihr Radio lustig?

Nein?

Dann kommen Sie zu
Dies & Das!
Ihr Geschäft mit 1000 Ideen
für Haus und Haushalt.

Dies & Das

Das Geschäft mit Witz und Ideen

Dies & Das,
Offenbacher
Landstraße 12,
60599 Frankfurt

(der/ein)	**Ihr**	Fernseher	funktioniert.
(die/eine)	**Ihre**	Uhr	
(das/ein)	**Ihr**	Telefon	
(die/–)	**Ihre**	Uhren	funktionieren.

○ Entschuldige bitte! Was ist das denn?	○ Entschuldigen Sie! Was ist das denn?
□ Das ist mein Bett.	□ Das ist mein Auto.
○ Was ist das? Dein Bett?	○ Was sagen Sie? Ihr Auto?
□ Ja, mein Bett. Es ist sehr bequem.	□ Ja, mein Auto. Es fährt sehr gut.
○ Mmh..., es ist sehr lustig.	○ Äh..., es ist sehr originell.

8. Hören Sie die Dialoge.

Ergänzen Sie dann.

§ 10a)
§ 21

a)
○ Entschuldigen Sie! Was ist das denn?
□ Das ist _____ Fernsehapparat.
○ Was sagen Sie? _____ Fernsehapparat?
□ Ja, das ist _____ Fernsehapparat.
○ Funktioniert _____?
□ Ja, _____ ist neu.
○ Mmh..., _____ ist sehr originell.

c)
○ Entschuldigen Sie! Was _____ das denn?
□ Das _____ _____ Stühle.
○ Wie bitte? Das _____ _____ Stühle?
□ Ja, _____ Stühle. Warum fragen Sie?
○ Mmh..., _____ _____ sehr modern.
  Sind _____ auch bequem?
□ Ja.

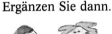

b)
○ Sag mal, was ist das denn?
□ Das ist _____ Spüle.
○ Wie bitte? Das ist _____
  _____?
□ Ja. _____ ist sehr praktisch.
○ Äh..., _____ ist sehr lustig.

d)
○ _____, was ist das denn?
□ Das _____ _____ Waschmaschine.
○ Wie bitte? Was _____ du?
□ Das ist _____ _____!
○ Und _____ _____ auch?
□ Ja, kein Problem.
○ Äh..., _____ _____ sehr witzig.

9. Spielen Sie ähnliche Dialoge im Kurs.

Das ist	mein / dein / Ihr	Fernseher.	Er	ist originell.
	meine / deine / Ihre	Waschmaschine.	Sie	
	mein / dein / Ihr	Telefon.	Es	
Das sind	meine / deine / Ihre	Stühle.	Sie	sind bequem.

○ Meine Kamera ist kaputt.
□ Was ist los? Deine Kamera ist kaputt?
○ Ja, sie ist kaputt. Sie funktioniert nicht.
□ Nein, nein, sie ist nicht kaputt. Die Batterie ist leer.
○ Ach so!

10. Hören und Sprechen.

a) Ergänzen Sie

○ _____ _____ fährt nicht!
□ Was sagst du? _____ _____
fährt nicht?
○ Ja, _____ ist kaputt. _____ fährt nicht.
□ Nein, nein, _____ ist nicht kaputt. Das
Benzin ist alle.
○ Ach so!

○ _____ _____ schreibt nicht.
□ Was sagst du? _____ _____ ist
kaputt?
○ Ja, _____ ist kaputt. _____
_____ nicht.
□ Nein, nein, _____ _____ nicht kaputt. Die
Mine ist leer.
○ Ach so!

○ _____ _____ funktioniert
nicht.
□ Was _____ du? _____ _____
funktioniert nicht?
○ Ja, _____ ist kaputt. _____
_____ nicht.
□ Nein, nein, _____ ist nicht kaputt. Der
Stecker ist raus.
○ Ach so!

○ _____ Spülmaschine spült nicht.
□ Was _____ du?
_____ _____ geht nicht?
○ Ja, _____ ist _____. _____
_____ nicht.
□ Nein, nein, _____ _____ nicht kaputt.
Der Wasserhahn ist zu.
○ Ach so!

b) Hören Sie jetzt die Dialoge auf der Kassette. Korrigieren Sie Ihre Fehler!

c) Spielen Sie ähnliche Dialoge im Kurs.

- Die Waschmaschine wäscht/geht/funktioniert nicht. – Der Wasserhahn ist zu.
- Der Taschenrechner funktioniert/geht nicht. – Die Batterien sind leer.
- Das Fernsehgerät funktioniert/geht nicht. – Die Fernbedienung ist kaputt.
- ...

Lernspiel

Gruppen mit 3 Personen (Spieler A, Spieler B, Spieler C).

Schreiben Sie 20 Karten mit Wörtern.

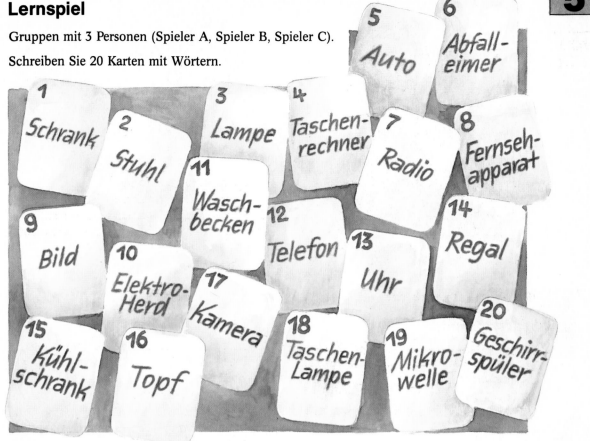

Spieler A bekommt 10 Karten, Spieler B bekommt 10 Karten.

Spieler C fragt Spieler A oder Spieler B:

Antonia, ist Nr. 1 dein Schrank?
oder
Frau Sanchez, ist Nr. 1 Ihr Schrank?

Antwort:

Spieler A (oder B) <u>hat die Karte</u> und sagt:
 Ja, das ist mein Schrank.
<u>Spieler C bekommt einen Punkt.</u>
Spieler B (oder A) sagt:
 Stimmt, das ist ihr / sein Schrank.

Spieler A (oder B) <u>hat die Karte nicht</u> und sagt:
 Nein, das ist ihr / sein Schrank.
<u>Spieler C bekommt keinen Punkt.</u>
Spieler B (oder A) sagt:
 Stimmt, das ist mein Schrank.

§ 10a)

Die Spieler wechseln: Spieler A ist jetzt Spieler B, Spieler B ist C, Spieler C ist A.

Viel Spaß!

6

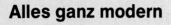

Alles ganz modern

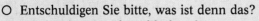

○ Entschuldigen Sie bitte, was ist denn das?

□ Das ist ein Fernseh-Kühlschrank.

○ Ein was?

□ Ein Fernseh-Kühlschrank. Sehr modern!

○ Aha. Sehr komisch! – Und das, was ist das?

□ Das ist eine Telefon-Waschmaschine.

○ Eine Telefon-Waschmaschine... interessant.

□ Ja, sehr interessant. Und gar nicht teuer.

○ Hm... Und das, was ist das?

□ Das da, das ist eine Mikrowellen-Radio-Kamera.

○ Eine Mikrowellen... Donnerwetter!

□ Auch sehr modern, und gar nicht teuer.

○ Und das alles funktioniert?

□ Natürlich. Alles funktioniert. Heute.

○ Heute...?

□ Ja, alle Maschinen funktionieren sehr gut.
  Heute.

○ Und morgen...?

□ Morgen... na ja. Da ist auch ein Hybrid-
  Elektrosolar-Abfalleimer. Sehr billig,
  und auch sehr modern.

○ Gut, dann bitte den Abfalleimer!
  Für morgen.

Lektion 3

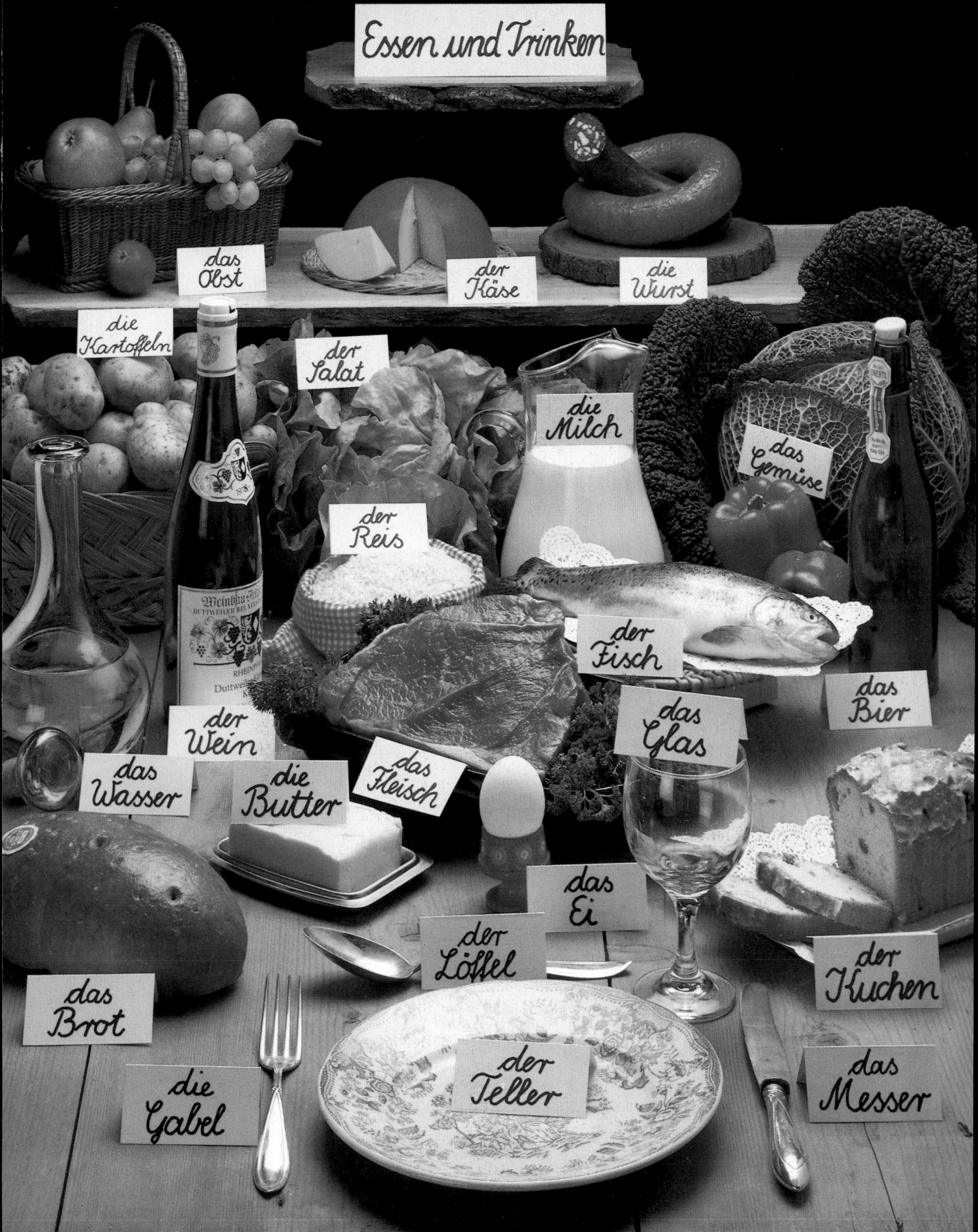
Essen und Trinken
das Obst
der Käse
die Wurst
die Kartoffeln
der Salat
die Milch
das Gemüse
der Reis
der Fisch
das Bier
der Wein
das Glas
das Wasser
die Butter
das Fleisch
das Ei
der Löffel
der Kuchen
das Brot
der Teller
das Messer
die Gabel

1

Franz Kaiser

Clara Mai

Thomas Martens

Er trinkt/ißt...

Sie trinkt/ißt...

Er trinkt/ißt...

1. Was ißt...?

○ Was | ißt | Franz Kaiser?
　　　| trinkt | ...

□ Er | ißt | einen Hamburger.
　Sie | trinkt | ...

		der	**die**	**das**	
Franz Kaiser	**ißt**	**einen** Hamburger	eine Pizza	ein Brötchen	
Clara Mai		einen Salat	eine Suppe	ein Ei	§ 2
Thomas Martens		einen Kuchen	– Butter	ein Wurstbrot	§ 9
		einen Fisch	– Marmelade	ein Käsebrot	
			– Kartoffeln	ein Hähnchen	
				ein Kotelett	
				ein Eis	
				– Gemüse	
				– Ketchup	
	trinkt	**einen** Orangensaft	eine Milch	ein Mineralwasser	
		einen Wein	eine Cola		
		einen Schnaps			

(die Flasche)	eine Flasche	Mineralwasser
	zwei Flaschen	Milch/Cola
(das Glas)	ein Glas	Wein/Bier
	drei Gläser	Saft/Schnaps
(die Dose)	eine Dose	Cola/Bier/Saft
	vier Dosen	Mineralwasser
(die Tasse)	eine Tasse	Tee/Milch
	zwei Tassen	Kaffee

Nominativ
Das ist | ein Hamburger.
　　　　| eine Pizza.
　　　　| ein Eis.

Akkusativ
Er ißt | **einen** Hamburger
　　　 | **eine** Pizza.
　　　 | **ein** Eis.

2. Erzählen Sie.

a) Morgens ißt Franz Kaiser ein Brötchen mit Butter und Marmelade. Er trinkt ein Glas Milch.
Mittags ißt er einen Hamburger und trinkt eine Dose Cola.
Nachmittags ißt Franz Pommes frites mit Ketchup und ein Eis.
Abends ißt er eine Pizza und trinkt eine Cola.

§ 46b)

b) Morgens ißt Clara Mai... Sie trinkt...
Mittags ißt sie... Sie trinkt... Nachmittags... Abends...

c) Morgens ißt Thomas Martens...
Mittags... Nachmittags... Abends...

3. Wer mag keinen Fisch?

a) Was glauben Sie? Wer ißt/trinkt keinen/keine/kein ...?

Franz	Clara	Thomas	ißt	Franz	Clara	Thomas	trinkt
X			keinen Salat.				kein Mineralwasser.
			keinen Fisch.				keinen Schnaps.
			keine Wurst.				kein Bier.
			keinen Reis.				keinen Wein.
			keine Pommes frites.				keine Cola.
			keinen Kuchen.				
			kein Eis.				
			keinen Käse.				

b) Hören Sie die Interviews auf der Kassette. Markieren Sie die Antworten.

4. Üben Sie.

§ 34

a)
O Essen Sie gerne Fleisch?
☐ Ich mag kein Fleisch.
   Ich esse lieber Fisch.

§ 9

b) O Trinken Sie gerne Kaffee?   ☐ Ich mag keinen Kaffee.
                                            Ich trinke lieber Tee.

5. Und was essen Sie?

§ 46b), c)
§ 70

Morgens/Mittags Nachmittags/Abends	esse trinke	ich	meistens/(sehr) oft/ manchmal/(sehr) gerne	einen/eine/ein –	...

Ich mag	keinen/keine/kein keine	..., aber ...	esse trinke	ich gerne.

Gasthof Niehoff

Kalte Gerichte

Fischplatte mit Toastbrot und Butter	14,90
Käseteller mit Weißbrot	8,90
Schinkenplatte mit Schwarzbrot, Butter, Gurken	11,50

Suppen

Gemüsesuppe	4,90
Rindfleischsuppe	4,40
Zwiebelsuppe	6,00

Hauptgerichte

Schweinebraten mit Kartoffeln und Rotkohl	17,90
Rindersteak mit Pommes frites und Bohnen	24,80
Bratwurst mit Brot	8,90
Bratwurst mit Pommes frites oder Kartoffelsalat	10,80
Kotelett mit Bratkartoffeln und Salatteller	14,80
1/2 Brathähnchen mit Reis und Gemüse	12,50
Bratfisch mit Kartoffeln und Salat	15,70

Dessert und Kuchen

Eis mit Sahne	4,00
Eis mit Früchten und Sahne	5,50
Apfelkuchen	3,30
Obstkuchen	3,50

Getränke

Cola (Flasche, 0,2 l)	2,80
Limonade (Fl., 0,2 l)	2,80
Apfelsaft (Glas, 0,2 l)	3,40
Bier (Glas, 0,3 l)	3,20
Rotwein (Glas, 0,25 l)	6,00
Weißwein (Glas, 0,25 l)	6,00
Kaffee (Tasse)	2,20
Tee (Glas)	2,20

6. Ich nehme ...

a) Hören Sie das Gespräch und lesen Sie.

Ich nehme eine Zwiebelsuppe und dann einen Schweinebraten mit Kartoffeln und Rotkohl. Ich trinke ein Glas Wein. Als Nachtisch esse ich einen Obstkuchen mit Sahne, und danach trinke ich noch einen Kaffee.

b) Sie sind im Gasthof Niehoff und lesen die Speisekarte. Was möchten Sie essen/trinken? Erzählen Sie.

Ich nehme einen Käseteller mit Weißbrot ...

Ich nehme ein ... mit ...
Ich trinke ...
Als Nachtisch esse ich ...

○ Wir möchten gern bestellen.
□ Bitte, was bekommen Sie?
○ Ich nehme eine Gemüsesuppe und einen Schweinebraten.
□ Und was möchten Sie trinken?
○ Ein Glas Weißwein, bitte.
□ Und Sie? Was bekommen Sie?
△ Ein Rindersteak, bitte. Aber keine Pommes frites, ich möchte lieber Bratkartoffeln. Geht das?
□ Ja, natürlich!
   Und was möchten Sie trinken?
△ Einen Apfelsaft, bitte.

7. Hören Sie die Gespräche.

a) Was möchten die Leute essen? Was möchten sie trinken?

Hörtext 1

der Mann:
die Frau:
das Kind:

Hörtext 2

die Frau:
der Mann:

Hörtext 3

der Mann:
das Kind:

nehmen	du	nimmst	essen	du	ißt
	er	nimmt		er	ißt
	sie			sie	
	es			es	

b) Erzählen Sie.

Der Mann	nimmt	einen…
Die Frau	ißt	eine…
Das Kind	trinkt	ein…

8. Üben Sie.

§ 33

○ Bitte, was	bekommen	Sie?	□ Ich	möchte	einen	…
	möchten			nehme	eine	
				esse	ein	

○ Und was möchten Sie trinken?	□ Einen	…
	Eine	
	Ein	

9. Spielen Sie ähnliche Dialoge im Kurs.

○ Wir möchten bitte bezahlen.
□ Zusammen oder getrennt?

○ Getrennt bitte.
□ Und was bezahlen Sie?
○ Den Schweinebraten und den Wein.
□ Das macht 23,90 DM.
○ 25, bitte.
□ Vielen Dank!

△ Und ich bezahle das Rindersteak und den Apfelsaft.
□ Das macht 28 Mark 30.
△ 30 Mark. Stimmt so.
□ Danke schön!

10. Dialogarbeit.

a) Schreiben Sie zwei Dialoge wie oben.

A. Frau: Kotelett, Bier
   Mann: Bratwurst, Coca Cola

B. Frau: Apfelkuchen, Kaffee
   Mann: Fischplatte, Weißwein

b) Hören Sie jetzt die Dialoge und vergleichen Sie.

11. Üben Sie.

○ Was bezahlen Sie?

□ Ich bezahle │ den │ ...
              │ die │
              │ das │

§ 2

12. Spielen Sie ähnliche Dialoge im Kurs.

13. Hören Sie die Gespräche. Ergänzen Sie die Preise.

Gespräch 1

Gasthof Niehoff

1 Schinkenplatte _____
2 Hähnchen _____
2 Gemüsesuppen _____
5 Bier _____
3 Kaffee _____
2 Eis m. Sahne _____

Gespräch 2

Gasthof Niehoff

3 Bratfische _____
2 Rindersteaks _____
3 Obstkuchen _____
4 Cola _____
2 Kaffee _____
2 Apfelkuchen _____

Gespräch 3

Gasthof Niehoff

2 Zwiebelsuppen _____
1 Bratwurst _____
1 Schweinebraten _____
4 Rotwein _____
2 Tee _____
2 Obstkuchen _____

3

14. Schmeckt der Fisch?

a) ○ Schmeckt | der Fisch?
| ...

□ Danke,	er	ist	phantastisch.
Ja,	...	schmeckt	sehr gut.
			gut.

§ 36
§ 47

b) ○ Nehmen Sie | doch noch etwas Fisch!
   Nimm | ...

□ Danke, gern.

Nein danke,	ich habe genug.
Danke,	ich bin satt.
	ich möchte nicht mehr.

15. Kommst du zum Abendessen?

Lesen Sie zuerst die Fragen und
hören Sie dann das Gespräch.

a) Was trinkt Inge?
b) Was trinkt Markus?
c) Was essen sie als Vorspeise?
d) Was essen sie als Hauptgericht?
e) Was ist die Nachspeise?

Hallo Inge,
kommst du zum Abendessen
(Samstag, 20.00 Uhr)?
Ich koche selbst! Dein Markus

16. Üben Sie.

○ Schmeckt der Wein nicht?

□ Nein, er ist sauer.

Der Wein ist	sauer.	Das Brot ist	alt.	Das Fleisch ist	zu fett.
	süß.		trocken.		kalt.
	warm.		hart.		trocken.

| Das Bier ist | zu bitter. | Die Suppe ist | salzig. | Die Soße ist | salzig. |
| | warm. | | zu scharf. | | zu scharf. |

| Die Limo ist | warm. | Der Salat ist | zu salzig. | | |
| | zu süß. | | nicht frisch. | | |

... hier kaufe ich gern — *Harms* – Lebensmittelfachmarkt

Bier	**Brötchen**	**Butter**	**Mehl** 1 kg Packung **1,43**
Jever Pils **14,98**	5 Stück **1,00**	250 g **2,12**	**Wurst**
24 Flaschen à 0,33 Ltr.	**Vollkornbrot**	**Kartoffeln**	Salami 100 g **2,49**
Emsland Mineralwasser	500 g **1,29**	5 kg **6,90**	Schinken 100 g **2,79**
12 Flaschen à 0,7 Ltr. **4,48**	**Käse aus Holland**	**Salatgurke**	Aufschnitt 100 g **1,65**
Coca Cola, Fanta, Sprite	Edamer 100 g **0,99**	Stück **1,39**	**Kotelett**
1 Ltr. Flasche **1,09**	Gouda 100 g **1,29**	**Paprika**	1 kg **8,88**
Orangensaft/Apfelsaft	**Joghurt mit Früchten**	500 g **3,49**	**Rindersteak**
1 Ltr. Flasche **1,36**	200 g **0,88**	**Tomaten**	1 kg **19,25**
Badischer Weißwein	**Eier**	500 g **2,22**	**Eis** (Nuß/Schokolade)
QbA 1 Ltr. Flasche **5,48**	10 Stück **2,21**	**Salat-Öl**	500 g **1,99**
Deutscher Sekt	**Milch**	0,5 Ltr. Flasche **2,96**	**Äpfel**
0,7 Ltr. Flasche **7,99**	1 Ltr. **1,28**	**Zucker**	1 kg **2,11**
IDEAL Kaffee	**Marmelade**	1 kg Packung **1,99**	**SCHWAN Vollwaschmittel**
500 g Packung **8,85**	Erdbeer, Kirschen,	**Gewürze**	3 kg **7,98**
BUNTING Tee	Himbeer, Brombeer	Paprika 100 g **2,13**	**SUN Spülmittel**
250 g Packung **4,23**	450 g Glas **2,19**	Pfeffer 100 g **2,13**	0,75 Ltr. Flasche **2,69**

Harms – Lebensmittelfachmarkt — ganz nah ganz billig

---

17. Lesen Sie die Anzeige.

Hören Sie dann den Text. Notieren Sie die Sonderangebote.

18. Üben Sie.

○ Was	kostet	eine Flasche	Apfelsaft?	□ Eine Mark sechsunddreißig.
	kosten	eine Kiste	...	
		eine Packung		
		ein Pfund		
		ein Kilo		
		... Gramm		
		ein Liter		

§ 9

19. Schreiben Sie einen Einkaufszettel.

Erzählen Sie dann. Was brauchen Sie? Was kaufen Sie?

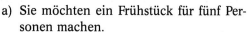

Ich kaufe 500 Gramm Butter, zehn Brötchen, ein Glas Marmelade, ...

a) Sie möchten ein Frühstück für fünf Personen machen.
b) Sie möchten ein Mittagessen für vier Personen kochen.
c) Sie möchten abends mit Freunden Ihren Geburtstag feiern.
d) Sie möchten Geschirr spülen und Wäsche waschen.
e) Sie möchten einen Kuchen backen.
f) Sie möchten einen Salat machen.

Was glauben Sie, was trinken die Deutschen gern? – Am liebsten Kaffee! Im Durchschnitt trinkt jeder Deutsche 190 Liter Kaffee pro Jahr. Sehr beliebt sind auch Erfrischungsgetränke (Limonaden) und Mineralwasser (ca. 160 Liter). Und dann natürlich das Bier: 150 Liter trinken die Deutschen im Durchschnitt pro Person und Jahr.

In Deutschland gibt es viele Biersorten, und sie schmecken alle verschieden. Die meisten Biertrinker haben ihre Lieblingssorte und ihre Lieblingsmarke.

Kennen Sie die wichtigen Biersorten und ihre Unterschiede? Nein? Dann lesen Sie unser Bierlexikon.

Bier-Lexikon

Altbier ist dunkel und schmeckt etwas bitter. Man trinkt es vor allem in Düsseldorf.

Berliner Weiße mischt man oft mit Himbeer- oder Waldmeistersaft. Sie ist dann rot oder grün. Berliner Weiße ist ein Leichtbier und schmeckt süß.

Das **Bockbier** ist ein Starkbier mit 5,6% Alkohol. Normal sind 4,7%. Viele Bockbierarten schmecken leicht süß.

Export ist hell und schmeckt sehr mild. Diese Biersorte gibt es in ganz Deutschland.

Kölsch kommt aus dem Köln-Bonner Raum, und man trinkt es auch nur dort. Es ist hell und leicht (nur 3,7% Alkohol). Kölsch-Gläser erkennt man sofort. Sie sind hoch und schlank.

Münchener ist vor allem in Bayern beliebt. Es schmeckt ähnlich wie Export, aber es ist nicht so herb und nicht so stark. In Bayern trinkt man das Münchener aus 1-Liter, aber auch aus 1/2-Liter-Gläsern.

Pils ist eine Biersorte aus der Tschechischen Republik, aber die Deutschen mögen sie besonders gern. Man bekommt es überall. Typische Pilsgläser haben einen Bauch und sind oben eng.

Weizenbier, auch Weißbier, kommt vorwiegend aus Bayern, doch es hat auch in Nord-, West- und Ostdeutschland viele Freunde. Weizenbiergläser sind sehr groß. Sie sind unten eng und haben oben einen Bauch.

20. Welche Bilder passen zu welchen Biersorten?

Bild A: _____
Bild B: _____
Bild C: _____
Bild D: _____
Bild E: _____
Bild F: _____
Bild G: _____
Bild H: _____

Ha! Meine Biersorte steht sicher nicht im Lexikon!

21. Hören Sie die Gespräche auf der Kassette.

Welche Gespräche passen zu welchen Fotos?

Gespräch Nr. _____

Gespräch Nr. _____

Gespräch Nr. _____

Gespräch Nr. _____

6 Ein schwieriger Gast

○ Haben Sie Käse?
□ Ja.
○ Dann bitte ein Glas Käse.
□ Ein Glas Käse?
○ Ja.
□ Sie meinen: ein Stück Käse?
○ Nein, ich meine ein Glas Käse.
□ Entschuldigung, ein Glas Käse haben wir nicht.
○ Was haben Sie denn?
□ Kartoffelsalat, Würstchen, Kotelett, Schinken...
○ Gut, dann bitte ein Stück Kartoffelsalat.
□ Ein Stück Kartoffelsalat?
○ Ja.
□ Sie meinen: einen Teller Kartoffelsalat?
○ Nein, ich meine ein Stück Kartoffelsalat.
□ Tut mir leid, ein Stück Kartoffelsalat haben wir nicht.
○ Dann nicht. – Haben Sie was zu trinken?
□ Bier, Limonade, Wein, Sekt...
○ Gut. Dann bitte einen Teller Bier.
□ Einen Teller Bier?
□ Ja.
□ Sie meinen: ein Glas Bier?
○ Nein, ich meine einen Teller Bier.
□ Verzeihung, einen Teller Bier haben wir nicht.
○ Was haben Sie denn überhaupt?
□ Nun, wir haben zum Beispiel Käse, Omelett...
○ Gut, dann bitte ein Glas Käse...
□ ...

Lektion 4

surfen

schwimmen

schlafen

Volleyball spielen

fotografieren

faulenzen

ein Café besuchen

tanzen

eine Bar besuchen

Musik machen

Wein trinken

Musik hören

Tennis spielen

rauchen

lesen

1. Wo ist was?

Deck 3, 5: ein Schwimmbad,
eine Bar
Deck 6: ein Café
eine Bibliothek, ein Friseur,
ein Geschäft
Deck 7: eine Bank
Deck 8: eine Küche
Deck 10: ein Krankenhaus
ein Kino
Deck 11: die Maschine

2. Wo kann man...?

Auf Deck... kann man | einen Film sehen.
Musik hören.
Tischtennis spielen.
Geld tauschen.
ein Bier trinken.
einen Spaziergang machen.
schwimmen.
essen.
tanzen.

3. Was machen die Passagiere?

Auf Deck... | liest jemand ein Buch.
macht jemand ein Foto.
nehmen Leute ein Sonnenbad.
schläft jemand.
flirtet jemand.
frühstückt jemand.
steht jemand auf.
sieht jemand fern.

4. Wo arbeitet jemand?

Auf Deck... | bedient ein Kellner einen Gast.
schneidet ein Koch Fleisch.
spielt ein Pianist Klavier.
kontrolliert ein Mechaniker die Maschine.
backt ein Bäcker eine Torte.
massiert ein Masseur jemanden.
frisiert eine Friseurin jemanden.

5. Was kann man hier machen? Was muß man? Was darf man nicht?

§ 35
§ 48

Hier kann man Bücher lesen.
Hier muß man leise sprechen.
Hier darf man nicht rauchen.

Hier kann man …

Hier kann man …
Hier muß man …

Hier kann man …
Hier darf man …

Hier kann man …

Hier kann man heute nicht …
Hier kann man heute kein …

Hier kann man …
Hier darf man nicht …

Hier darf man nicht …
Hier möchte jemand …

Hier muß man …

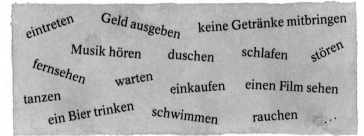

Hier darf man nicht …

eintreten Geld ausgeben keine Getränke mitbringen Musik hören duschen schlafen stören fernsehen warten einkaufen einen Film sehen tanzen ein Bier trinken schwimmen rauchen …

6. Zeichnen Sie Schilder: Was darf man hier nicht? Was muß man/was kann man hier machen?

7. Erkennen Sie die Situation? Hören Sie gut zu!

Jemand schwimmt. . . . . Nr. _____   Jemand macht eine Flasche Wein

Jemand möchte schlafen. . . . . Nr. _____   auf. . . . . Nr. _____

Jemand macht ein Foto. . . . . . Nr. _____   Jemand sieht fern. . . . . Nr. _____

Jemand steht auf. . . . . Nr. _____   Jemand kauft ein. . . . . Nr. _____

§ 24

8. Dialog

a) Ordnen Sie die Sätze und spielen Sie den Dialog.
b) Hören Sie die Kassette und vergleichen Sie.

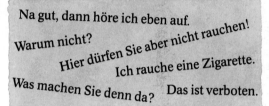

9. Hören Sie Dialog a) und b) auf der Kassette und ergänzen Sie.

a) ○ Was machst du da?
   □ Ich _____ .
   ○ Das geht aber nicht!
   □ Warum _____ ?
   ○ Du mußt jetzt schlafen.
   □ Wer _____ ?
   ○ Ich!

b) ○ Hallo, ihr, was _____ ?
   □ Wir _____ .
   ○ Hier dürft ihr _____ .
   □ Warum _____ ?
   ○ Das ist _____ .
   □ Na gut, dann _____ .

10. Hören Sie die Dialoge c) und d) auf der Kassette. Spielen Sie die Situationen nach.

11. Spielen Sie weitere Dialoge.

Was	machen Sie	(denn) da?
	machst du	
	macht ihr	

Das geht aber nicht!

Hier	dürfen Sie	aber nicht...
...		

Das ist (hier) verboten.

Sie sehen	doch das Schild da!
...	

Musik machen   Klavier spielen
   Eis essen   ...

Warum (denn) nicht?
Wer sagt das?

Na gut,	dann	höre ich	eben auf.
Ach so,		hören wir	
		... ich/wir eben nicht.	

2 Freizeit ... und Arbeit

 sechs Uhr   acht Uhr   halb zehn   elf Uhr

Ilona Zöllner, Bankkauffrau

 schläft    steht auf    frühstückt    kauft ein

Dr. Klaus Schwarz, Lehrer

 träumt    macht einen Spaziergang    liest Zeitung    schwimmt

Willi Rose, Kellner

 steht auf    bereitet das Frühstück vor    bedient Ilona    räumt auf

Monika Hilger, Krankenschwester

 steht auf    macht Betten    mißt Fieber    bringt Essen

12. Wann steht Willi Rose auf?

§ 31
§ 37, 49

Um ... Uhr.
Wann steht ... auf? – Um ...

13. Was macht Willi Rose um ... Uhr?

§ 33

Er bedient Ilona Zöllner.
Was macht ... um ...?

14. Beschreiben Sie:

a) Willi Rose ist Kellner.
   Er steht um sechs Uhr auf.
   Um acht Uhr bereitet er das Frühstück vor.
   Um halb zehn bedient er Ilona Zöllner.
   Um elf räumt er auf.
   Um ...

ein Uhr   drei Uhr   halb sieben   zehn Uhr

ißt zu Mittag

nimmt ein Sonnenbad

zieht ein Kleid an

tanzt

bestellt das Mittagessen

macht Fotos

ißt zu Abend

sieht fern

schreibt eine Bestellung auf

trinkt einen Kaffee

holt Essen

trifft Freunde

macht Pause

macht einen Verband

sieht einen Film

möchte schlafen

b) Monika Hilger ist Krankenschwester.
Sie steht um sechs Uhr auf.
Um ... Uhr macht sie Betten.
Um ...

c) Um sechs Uhr schläft
Ilona Zöllner noch.
Da steht der Kellner auf.
Um acht Uhr steht Ilona auf.
Da macht die Krankenschwester Betten.

§ 61

15. Was meinen Sie?

Was kann	Willi Rose Anne Hilger Ilona Zöllner Klaus Schwarz	zwischen drei Uhr und halb sieben machen?	Er Sie	kann	einen Spaziergang machen. schlafen. fernsehen. ...

3

Veranstaltungskalender

| MS Astor | Mittwoch, der 10. Juli | # Was ist heute los? |

7.45 Uhr	Morgengymnastik mit Carla
10.45 Uhr	Vortrag: „Der Mensch und das Meer"
11.00 Uhr	Fotokurs
14.15 Uhr	Volleyball (Mannschaft gegen Passagiere)
15.45 Uhr	Tanzcafé
16.15 Uhr	Tennisspiel Astor-Cup Finale
17.00 Uhr und 19.30 Uhr	Film: „12 Uhr mittags" (mit Gary Cooper/Grace Kelly)
20.00 Uhr	Captain's Dinner Das große Galadiner – Der Kapitän lädt ein
21.15 Uhr	Piano-Konzert: Ragtime, Boogie & Blues (Klavier: Willy „the Hammer" Schulte)
21.30	Tanz – mit „Theos Tanzorchester"
ab 23.00 Uhr	Diskothek mit Charly
Bar:	bis 1.00 Uhr geöffnet
Boutique „Elvira":	von 9.00 Uhr bis 17.00 Uhr geöffnet
Bibliothek:	heute geschlossen

Achtung! Nicht vergessen: *Morgen um 10.00 Uhr findet der Landausflug nach Kreta statt!!*

16. Wann...? Wie lange...?

§ 31

| Wann | fängt findet | die Gymnastik der Fotokurs das Tennisspiel ... | an? statt? | – Um 7 Uhr 45. – Um 11 Uhr. – Um 16 Uhr 15. – Um... |

| Wie lange ist | die Bar die Boutique | geöffnet? | – Bis... |

Um Mitternacht kann man ...

17. Was kann man um... Uhr machen?

Was kann man um 7 Uhr 45 machen? – Um 7 Uhr 45 kann man...

18. Wie spät ist es?

Lesen Sie erst die Uhrzeit. Hören Sie dann die Kassette.
Es ist...

zehn vor sieben
Situation Nr.: _____

Viertel vor zehn
Situation Nr.: _____

drei Uhr
Situation Nr.: _____

zwanzig nach fünf
Situation Nr.: _____

Viertel nach sieben
Situation Nr.: _____

zwölf Uhr
(Mitternacht)
Situation Nr.: _____

ein Uhr
Situation Nr.: _____

fünf nach halb drei
Situation Nr.: _____

19. Spielen Sie die Dialoge.

○ Sag mal, hast du heute abend schon was vor?

□ Ja, ich möchte das Konzert hören.
○ Darf ich mitkommen?
□ Ja, gern.
○ Wann fängt das denn an?
□ Um Viertel nach neun.
○ Schön. Dann treffen wir uns um neun. In Ordnung?
□ Gut. Bis dann!

□ Nein, ich weiß noch nicht...
○ Ich möchte gern tanzen gehen. Kommst du mit?
□ Tut mir leid, aber ich habe keine Lust.
○ Schade.
□ Vielleicht das nächste Mal.
○ Na gut – also dann tschüß.
□ Tschüß.

§ 67
§ 34

20. Partnerübung: Hören Sie zwei weitere Dialoge auf der Kassette.

Spielen Sie die Situationen nach. Schreiben Sie dann selbst einen Dialog und spielen Sie ihn.

Hast du	heute abend morgen	früh nachmittag	schon was vor? Zeit?

Ich möchte gern	das Tennisspiel sehen. den Film mit G. C. sehen. das Piano-Konzert hören. tanzen gehen. schwimmen gehen. ein Bier trinken gehen.

Hast du Lust?
Kommst du mit?

Wann	fängt das denn an? treffen wir uns?

Tut mir leid.

Ich habe	keine Zeit. keine Lust.

Vielleicht	das nächste Mal. morgen.

Ja, gern.
In Ordnung.

Lektion 4

4

	Montag 21	Dienstag 22	Mittwoch 23	Donnerstag 24	Freitag 25	Samstag/Sonnabend 26
17–18	einkaufen	Deutschkurs	mit Susanne Deutsch lernen	mit Susanne	Wohnung aufräumen	Köln
20–22	arbeiten	mit Ruth ins Kino	Film „Mephisto" im Fernsehen	Konzert	tanzen	

12. Woche
März Frühlingsanfang

21. Sibylles Terminkalender.

Montag nachmittag muß Sibylle einkaufen gehen. Montag abend muß sie arbeiten.
Dienstag nachmittag muß sie…   Dienstag abend möchte sie…
Mittwoch…

22. Üben Sie.

Ein Freund möchte mit Sibylle schwimmen gehen.

Er fragt:	Sie antwortet:
„Kannst du Montag nachmittag?"	„Tut mir leid; da kann ich nicht. Da muß ich einkaufen gehen."
„Kannst du Montag abend?"	„Leider nicht; da muß ich…"
„Kannst du…?"	„Tut mir leid; da…"
…	…

23. Manfred hat nie Zeit…

JULI	
Mo 25	Kino 20.30 (Beate)
Di 26	17.30 Hans Tischtennis
Mi 27	Claudia !??
Do 28	Claudia + Hans Schwimmen
Fr 29	frei ?
Sa 30	Rockkonzert
So 31	Beate !

a) Hören Sie den Dialog.
b) Hören Sie den Dialog noch einmal und sehen Sie Manfreds Terminkalender an.

	Was *sagt* Manfred?	Was *macht* Manfred?
Montag	Ich gehe ins Kino.	Er geht ins Kino.
Dienstag	…	…
Mittwoch		
Donnerstag		
Freitag		
Samstag		

24. Lesen Sie die Ansichtskarte

25. Schreiben Sie eine Ansichtskarte.

..., 10. 7. 92
Liebe(r) ...,
die Zeit hier ... ist ...
Ich stehe ...
Dann ...   Hier kann man ...
Nachmittags ...   Abends ...
Morgen ...

Herzliche Grüße
Dein(e) ...

26. Und Sie? Was machen Sie gern in Ihrer Freizeit?

a) Partnerübung.

b) Erzählen Sie im Kurs:

§ 59

	gern	nicht so gern	nie
lesen			
fernsehen			
spazierengehen			
radfahren			
Ski fahren			
schwimmen			
Tennis spielen			

	gern	nicht so gern	nie
fotografieren			
tanzen			
Freunde treffen			
Filme sehen			
Musik hören			
feiern			
...			

Feierabend

○ Und was machen wir heute abend?
□ Hm. – Hast du eine Idee?
○ Ich schlage vor, wir gehen mal ins Kino.
□ Kino. – Ich weiß nicht.
○ Oder hast du keine Lust?
□ Ich schlage vor, wir gehen mal ins Theater.
○ Theater. – Ich weiß nicht.
□ Oder hast du keine Lust?
○ Ich schlage vor, wir gehen mal ins Kabarett.
□ Kabarett. – Ich weiß nicht.
○ Oder hast du keine Lust?
□ Ich schlage vor, wir gehen mal ins Konzert.
○ Konzert. – Ich weiß nicht.
□ Oder hast du keine Lust?
○ Offen gesagt – nicht so sehr.
□ Ja dann.
○ Ach, weißt du was: wir bleiben heute mal zu Hause.
□ Wie immer!
○ Und sehen fern.
Das kostet wenigstens nichts.

Wir Macher

ich mache Sport
du machst Yoga
er macht Politik
sie macht Theater
wir alle machen Fehler
ihr alle macht Dummheiten
sie alle machen Quatsch

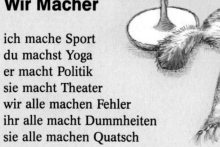

die Küche

die Speise-
kammer

das Kinderzimmer

Lektion 5

das Bad

das Schlafzimmer

der Balkon

das Treppenhaus

der Flur

das Wohnzimmer

die Terrasse

der Hobbyraum

der Keller

1

Das ist Michael Wächter (22). Er ist Bank-
kaufmann von Beruf. Jetzt wohnt er noch bei
seinen Eltern. Aber in zwei Wochen zieht er
um. Dann hat er selbst eine Wohnung. Die
Wohnung hat ein Wohnzimmer, ein Schlafzimmer, ein Bad, eine Küche und einen Flur.
Das Schlafzimmer und die Küche sind ziemlich klein. Das Bad ist alt und hat kein Fenster. Aber das Wohnzimmer ist sehr schön
und hell. Es hat sogar einen Balkon. Michael
Wächter ist zufrieden.

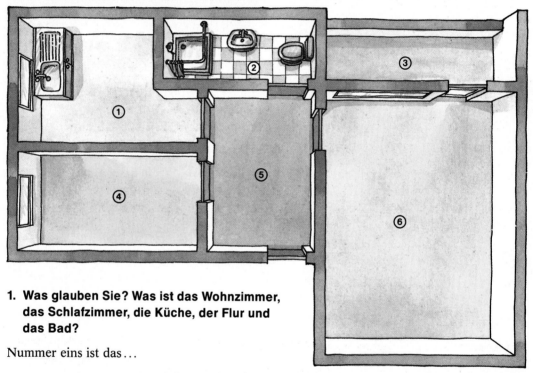

**1. Was glauben Sie? Was ist das Wohnzimmer,
das Schlafzimmer, die Küche, der Flur und
das Bad?**

Nummer eins ist das...

2. Beschreiben Sie die Wohnung.

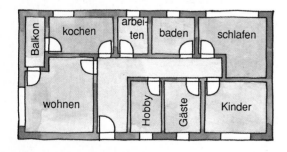

Die Wohnung hat	einen	Hobbyraum. ...
	eine	...
	ein	Gästezimmer. Arbeitszimmer. ...

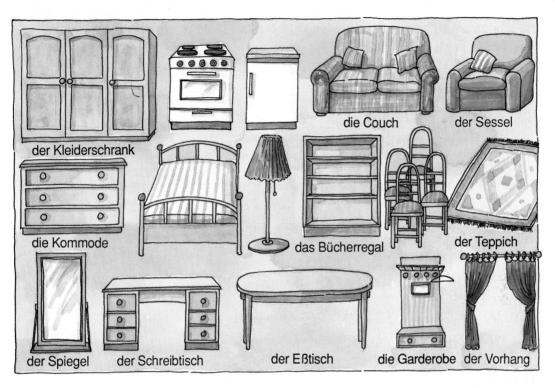

der Kleiderschrank

die Couch

der Sessel

die Kommode

das Bücherregal

der Teppich

der Spiegel

der Schreibtisch

der Eßtisch

die Garderobe der Vorhang

**3. Was ist für das Wohnzimmer, das Schlafzimmer, die Küche, den Flur?
   Was meinen Sie?**

Der	...	ist	für	den Flur.
Die		sind		die Küche.
Das				das ...-zimmer.

für + Akkusativ

4. Hören Sie den Dialog.

Was braucht Michael Wächter noch? Was hat er schon?

a) Er braucht noch (einen) *der* Elektroherd... Er hat noch (keinen.)
   eine   ... *D.e Küche*   keine.
   ein   keins.

   Er braucht noch | Stühle. | Er hat noch | keine.
                     ...

Ich brauche
keinen Besen.
Ich habe
schon einen.

§ 23

b) Er braucht | keinen | ...   Er hat schon | einen.
              keine   eine.
              kein   eins. *eines*

   Er braucht keine | Regale. | Er hat schon | welche.
                      ...

5. Hören Sie und lesen Sie.

O Schau mal, hier sind Eßtische.
   Wie findest du den hier?

☐ Meinst du den da?

O Ja.

☐ Den finde ich nicht schön. Der ist zu groß.

O Und die Kommode hier? Wie findest du
   die?

☐ Die sieht gut aus. Was kostet die denn?

O 395 Mark.

Definitartikel	=	Definitpronomen

Wie findest du	den Kleiderschrank?	**Der** ist zu groß. **Den** finde ich häßlich.
	die Kommode?	**Die** ist schön. **Die** finde ich praktisch.
	das Regal?	**Das** ist zu klein. **Das** finde ich unpraktisch.
	die Stühle?	**Die** sind bequem. **Die** finde ich unbequem.

6. Üben Sie.

DM 890,–   DM 385,–   DM 560,–   DM 120,–   DM 245,–

DM 680,–   DM 276,–   DM 755,–   DM 93,–   DM 188,–

§ 22
§ 15

c) O Wie findest du den Schrank?
   ☐ Meinst du den für 890 Mark?
   O Nein, den für 680 Mark.
   ☐ Der ist zu groß.

Der	ist	zu...
Die		...
Das		
Die sind		

Den	finde ich	...
Die		zu...
Das	mag ich.	
Die	mag ich nicht.	

häßlich *ugly*   teuer
comfortable
bequem
schön   klein
groß   unbequem

7. Hören Sie die Dialoge.

Ordnen Sie dann die Sätze und schreiben Sie die Dialoge.

- ☐ Die finde ich zu modern, die mag ich nicht.
- ☐ Nein, ich habe noch keine.
- ○ Und die hier? Magst du die?
- ☐ Meinst du die für 122 Mark?
- ○ 98 Mark.
- ○ Nein, die da.
- ☐ Die ist schön. Was kostet die denn?
- ○ Schau mal! Hier sind Lampen. Hast du schon welche?
- ○ Wie findest du denn die dort?

- ☐ Der sieht nicht schlecht aus. Wie teuer ist der denn?
- ○ Und wie findest du den da?
- ☐ Nein, ich habe noch keine.
- ○ Findest du den gut?
- ○ Guck mal, hier gibt es Vorhänge. Hast du schon welche?
- ☐ Nein, der ist doch häßlich.
- ○ 196 Mark.

8. Spielen Sie ähnliche Dialoge im Kurs.

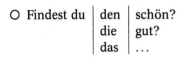

| ○ Schau mal! | Hier sind | Lampen/Vorhänge/ |
| Guck mal! | Hier gibt es | Gläser/... |

Hast du schon welche?   ☐ Nein, ich habe noch keine.

○ Wie findest	du	den	da?
Magst		die	dort?
		das	hier?
		die	

☐ Der	ist	sehr	...
Die		...	
Das			
Die sind			

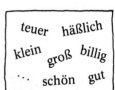
teuer   häßlich   klein   groß   billig   ...   schön   gut

○ Meinst du	den	da?
	die	hier?
	das	dort?
		für... Mark?

☐ Ja.		
Nein,	den	da.
	die	dort.
	das	hier.

○ Findest du	den	schön?
	die	gut?
	das	...

☐ Ja,	der	sieht	gut	aus.
	die		...	
	das			

Nein,	den	mag ich nicht.
	die	
	das	

9. Hören Sie das Gespräch.

Was sagt Michael Wächter? Welche Sätze hören Sie?

a) ☐ Meine Mutter mag Kinder gern.
    ☐ Für meine Mutter bin ich noch ein Kind.

c) ☐ Jetzt bin ich sehr glücklich.
    ☐ Jetzt bin ich ganz frei.

b) ☐ Zu Hause darf ich keine Musik hören.
    ☐ Ich darf zu Hause keinen Alkohol trinken.

d) ☐ Ich will jetzt mein Leben leben.
    ☐ Ich möchte nicht mehr zu Hause leben.

Wohnungsmarkt

Häuser

Ffm-Eschersheim
Reihenhaus, 4 Zi., Küche, Bad, Gäste-WC, Hobbyraum, Sauna im Keller, Garten, Garage, 126 m², ab 1.3. frei. Miete DM 2400,– +Nk.u.Kt.
Main-Immobilien 069/14 38 66

Ffm-Praunheim
ruhig wohnen und doch in der Stadt: 1 Fam.-Haus, 5 Zimmer, Küche, 2 Bäder, Fußbodenheizung, Garten, Garage. Miete DM 2600,– + NK./Kt.
Konzept-Immobilien 069/81 25 77

Traumhaus in Bergen-Enkkeim
6 Zi., Wohnküche, Bad/WC, Dusche/WC, Sauna, Keller, Hobbyraum, ab sofort, Miete DM 3200,– +Nk./Kt., Mietvertrag 5 Jahre fest
G & K – Immobilien 069/68 49 58

Bungalows

Bad Homburg
Neubau, noch 66 Tage, dann können Sie einziehen. Luxus-Bungalow mit viel Komfort und 1500 m² Garten, 5 Zimmer, 234 m², 2 Bäder, Gäste-WC, Hobbyraum, zwei Garagen. DM 4850,– + Nk./Kt.
Rufen Sie an: Berg & Partner Immobilien 069/47 59 72

Wohnungen

4-Zi., Ffm-Seckbach
100 m² + Dachterrasse, 2 Bäder, ruhig, in 5-Familienhs., frei ab 1.2., nur DM 2000,– + Nk./Kt.
VDM GABLER-Immobilien

Maintal (15 km von Ffm-City)
Kinder willkommen: 4-Zi., 105 m², gr. Wohn-/Eßzimmer, Süd-Balkon, Garage, ab sofort frei, Miete DM 1400,– + Nk.u. Kt.
ab Mo. 0681/67 85 12

Ffm-Nordend
Neubau, 3 1/2 Zi. Luxus-Kü., Bad, Balkon,Tiefgarage, ca. 89 m², Aufzug, 6. Stock, DM 1580,– + Nk./Kt.
Schmitt-Immobilien GmbH Bergstr.11, 069/45 23 12

Billig wohnen und Geld verdienen
4 Zi.-Wohnung für Hausmeister frei, Ffm-West, Erdgeschoß, 97 m², Balkon, 2 Toiletten, ruhig, Garten; pro Woche 10 Stunden Hausmeisterarbeit. Miete DM 1180,– + Nk. 069/19 76 45

Frankfurt
4-Zimmerwohnung mit Küche, Bad/WC, Gäste-WC, 2 Balkone, 102 m² + Keller u. Tiefgarage, Hausmeister. Miete DM 1950,– Jäger Immobilien 069/57 86 98

Ffm-Griesheim
von privat 4 Zi. Dachwohnung für Ehepaar ohne Kinder, Bad, Duschbad, ab 15.2. DM 1040,– + Nk/Kt. 069/37 49 82 (nach 18.00 Uhr)

---

10. Ergänzen Sie die Tabelle.

Nr.	Wo?	Wie viele Zimmer?	Was für Räume?	Garten?	Wie groß?	Wie teuer?
1	Frankfurt	4	Küche, Bad, Gäste-WC, Hobbyraum, Sauna, Keller, Garage	ja	126 m²	DM 2400,–
2						
...						

11. Beschreiben Sie die Wohnungen und Häuser (Nr. 1–10).

§ 21

1 Das Haus liegt in Frankfurt-Eschersheim. Es hat vier Zimmer, eine Küche, ein Bad, ein Gäste-WC, einen Hobbyraum, eine Sauna, einen Keller, einen Garten und eine Garage. Das Haus ist 126 Quadratmeter groß. Es kostet 2400 Mark Miete.

2 Die Wohnung ist in... Sie ist... groß und hat... eine... und... Die Wohnung ist... Sie kostet...

3 Der Bungalow liegt... Er... Der Bungalow...

...

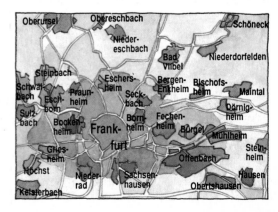

Familie Höpke, 2 Kinder (4 und 8 Jahre)
Familieneinkommen: 3900 DM pro Monat
Herr Höpke ist Postbeamter.
Frau Höpke ist Hausfrau.

Wir suchen eine Wohnung in Frankfurt. Wir haben eine in Steinheim, aber die hat nur drei Zimmer, ein Bad und eine Küche. Das ist zu wenig. Die Kinder möchten beide ein Zimmer haben. Die Wohnung ist nicht schlecht, und sie kostet nur 798 Mark. Aber ich arbeite in Frankfurt, und die Verkehrs–verbindungen von Steinheim nach Frankfurt sind sehr schlecht. Morgens und nachmittags muß ich über eine Stunde fahren. Unter 1500 Mark bekommt man in Frankfurt keine 4-Zimmer-Wohnung. Das können wir nicht bezahlen. Trotzdem – wir suchen weiter. Vielleicht haben wir ja Glück.

Wir wohnen in Frankfurt, in Bockenheim. Unsere Wohnung ist nicht schlecht. Sie hat vier Zimmer, eine Küche, ein Bad und eine Gästetoilette. Sie liegt sehr günstig. Leider ist die Wohnung sehr laut, und sie hat keinen Balkon. Wir bezahlen 1730 Mark kalt. Ein Haus mit Garten ist unser Traum. Es gibt aber leider nur wenige Häuser. Und die sind fast immer sehr teuer und liegen auch meistens außerhalb. Mein Mann und ich, wir arbeiten beide in Frankfurt, und wir wollen hier auch wohnen. Eigentlich möchten wir gerne bauen, aber das geht nicht. In Frankfurt kann das niemand bezahlen.

Herr und Frau Wiegand (keine Kinder)
Frau Wiegand ist Arzthelferin.
Herr Wiegand ist Lehrer.
Familieneinkommen: 6800 DM pro Monat

12. Wie finden die Familien ihre Wohnungen?

Notieren Sie Stichworte und erzählen Sie dann.

13. Suchen Sie eine Wohnung für Familie Höpke und für Familie Wiegand.

14. Hören Sie die Gespräche.

a) Welches Haus möchten Herr und Frau Wiegand anschauen? Nr.: _____
b) Welche Wohnung möchte Familie Höpke anschauen?   Nr.: _____

15. Wie möchten Sie gern wohnen? Wie sieht Ihr Traumhaus aus?

Mein Traumhaus ist...
Es hat...

Meine Traumwohnung ist...
Sie hat...

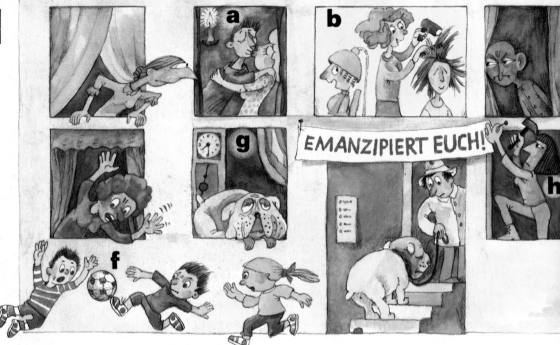

Streit im Haus

Was darf man, was darf man nicht?
Viele Leute wissen das nicht.
Wir informieren Sie über wichtige
Gerichtsurteile. –judgement

(1) Vögel darf man auf dem Fensterbrett füttern.
Aber keine Tauben, die machen zuviel
Dreck.

(2) An der Außenwand oder am Fenster dürfen
Sie keine Politparolen aufhängen.

(3) Von 13.00 bis 15.00 Uhr und von 22.00 Uhr
bis 7.00 Uhr dürfen Sie im Haus keinen Krach
machen, und auch nicht draußen im Hof oder
im Garten. Auch die Kinder müssen dann leise
spielen.

(4) In der Wohnung darf man pro Tag 90 Minuten Musik machen. Aber man darf die Nachbarn nicht zu sehr stören. disturb

(5) Ihr Partner oder Ihre Partnerin darf in Ihrer
Wohnung oder in Ihrem Appartement woh-
nen. Man muß den Vermieter nicht fragen.
Er kann es nicht verbieten.

(6) In einer Mietwohnung darf man ohne
Erlaubnis kein Geschäft betreiben und keine
Waren herstellen.

(7) Verbietet Ihr Mietvertrag Haustiere? Nein?
Dann dürfen Sie welche in Ihrer Wohnung
haben. Sonst müssen Sie den Vermieter
fragen.

(8) Auf dem Balkon oder auf der Terrasse dürfen
Sie grillen, aber Sie dürfen Ihre Nachbarn
nicht stören.

(9) Ohne Erlaubnis dürfen Sie auf dem Dach
oder am Schornstein keine Antenne
montieren. Sie müssen vorher Ihren Vermieter fragen.

(10) In Ihrer Mietwohnung, in Ihrem Haus oder
in Ihrem Garten dürfen Sie auch mal nachts
laut feiern. Aber bitte informieren Sie vorher
Ihre Nachbarn.

16. Welche Bilder und welche Urteile passen zusammen?

Bild	Urteil
a	
b	
c	
d	
e	

Bild	Urteil
f	
g	
h	
i	
j	

Wo → in/an/auf + Dativ

im	(in ihrem)	Garten
in der	(in ihrer)	Wohnung
im	(in ihrem)	Haus

im = in dem

am	Schornstein
an der	Außenwand
am	Fenster

am = an dem

auf dem	Balkon
auf der	Terrasse
auf dem	Fensterbrett

17. Was dürfen Sie? Was dürfen Sie nicht? Was müssen Sie tun? Was müssen Sie nicht tun?

Im/In der	Wohnung
In einem/In einer	Haus
In meinem/In meiner	Appartement
Am/An der	Balkon
An einem/An einer	Garten
An meinem	Hof
Auf dem/Auf der	Dach
Auf einem/Auf einer	Schornstein
Auf meinem/Auf meiner	Terrasse
...	Fenster
	Außenwand
	Hausflur

darf ich...
darf ich nicht...

Ich muß...
Ich muß nicht...

§ 3
§ 28a)

3

18. Interview. Haben Sie Ärger mit Nachbarn?

a) Was glauben Sie? Wer wohnt...

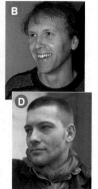

in einem Mietshaus?

in einem Reihenhaus?

in einem Studentenheim?

in einem Hochhaus?

b) Wer sagt das?

(1) ☐ Unsere Nachbarn sind sehr nett.

(2) ☐ Wissen Sie, ich kenne meine Nachbarn gar nicht. Ärger gibt es nicht.

(3) ☐ Meine Kinder sind noch klein, und natürlich machen sie auch Lärm. Da gibt es manchmal Ärger.

(4) ☐ Ja, manchmal gibt es Ärger, aber dann diskutieren wir das Problem. Am Ende ist immer alles okay.

c) Hören Sie jetzt die Interviews.

19. Liebe Helga!

a) Lesen Sie die Karte.

Solingen, 6. 8. 92

Liebe Helga,
endlich habe ich Zeit für eine Karte. Wir sind sehr
glücklich: Seit 6 Wochen haben wir ein Haus! Endlich
haben wir genug Platz. Das Haus hat 5 Zimmer.
Besonders die Kinder sind sehr glücklich. Beide haben
jetzt ein Zimmer, und sie können im Garten spielen.
Auch wir sind zufrieden. Das Haus liegt phantastisch,
und es ist auch nicht zu teuer.
Komm doch bald mal nach Solingen.
Wir haben jetzt auch ein Gästezimmer.
Herzliche Grüße
Claudia und Richard

b) Svenja und Jürgen haben jetzt eine 4-Zimmer-Wohnung. Sie schreiben an ihren Freund Herbert Kroll in 14482 Potsdam, Hermann-Maaß-Straße 12. Die Wohnung ist hell, liegt sehr ruhig und hat einen Balkon. Svenja und Jürgen möchten Herbert einladen. Er kann im Arbeitszimmer schlafen.
Schreiben Sie die Karte an Herbert Kroll.

Strandhotel Hiddensee

Ein Erlebnis ist auch unser Strandhotel Hiddensee. Es liegt direkt am Strand und bietet viel Komfort.
Alle Zimmer haben Bad und WC und einen Balkon. Es gibt ein Hallenbad mit Sauna, einen Privatstrand, eine Terrasse, eine Bar, ein Café, ein Restaurant, eine Diskothek, einen Leseraum, ein Fernsehzimmer ...

Urlaub in unserem Strandhotel ist ein Erlebnis.

Urlaub auf der Ostseeinsel Hiddensee ist ein Erlebnis. Es gibt keine Industrie, und Autos dürfen auf der Insel nicht fahren, denn Hiddensee ist ein Naturschutzgebiet. Die Strände sind sauber, die Wiesen und Wälder sind noch nicht zerstört. Hier finden Sie Ruhe und Erholung.

20. Wo kann man im Strandhotel...?

Wo finden Sie was?

		Anbau:
2. Stock:	Gästezimmer Fernsehzimmer	Sauna
1. Stock:	Frühstückszimmer Leseraum Gästezimmer	Kiosk
Erdgeschoß:	Rezeption Restaurant Terrasse Telefonzelle	Reisebüro
Keller:	Bar Diskothek	Hallenbad

O Wo kann man | fernsehen?
...

frühstücken Leute treffen telefonieren ein Bier trinken einen Ausflug buchen in der Sonne liegen Mittag essen flirten ein Zimmer buchen Zigaretten kaufen tanzen einen Mietwagen leihen Kaffee trinken fernsehen ... einen Wein trinken eine Zeitung lesen Touristeninformationen bekommen eine Zeitung kaufen

□ Im | Fernsehzimmer
In der | Kiosk Rezeption
Am | Terrasse
An der | ...
Auf der |

5

Wohnen –
alternativ

Herr Peißenberg (O) zeigt seinen Gästen (□ und △) die neue Wohnung.

O Hier ist die Küche, da schlafen wir.
□ Ach, Sie schlafen in der Küche?
△ Wie interessant!
O Ja, wir schlafen immer in der Küche.
□ Und wo kochen Sie?
O Kochen? Wir kochen natürlich im
Schlafzimmer.
△ Was? – Sie kochen wirklich im Schlaf-
zimmer?
O Ja, natürlich.
□ Sehr interessant!

△ Und das hier, das ist wohl das Bad?
O Ja, da wohnen wir.
□ Wie bitte? – Sie wohnen im Bad?
O Ja. Wir finden das sehr gemütlich.
□ Gemütlich, na ja. Ich weiß nicht.
△ Aber es ist sehr originell.

O Und hier das Wohnzimmer, da baden wir!
□ Was? Sie baden wirklich im Wohnzimmer?
O Ja, das ist so schön groß. Wissen Sie, wir leben
nun mal alternativ.
△ Das stimmt.
O Wir möchten jetzt essen. Sie essen doch mit?
□ Essen? Wo denn? O Gott, nein! Ich habe leider
keine Zeit.
△ Ich leider auch nicht. Auf Wiedersehen, und
vielen Dank!

1

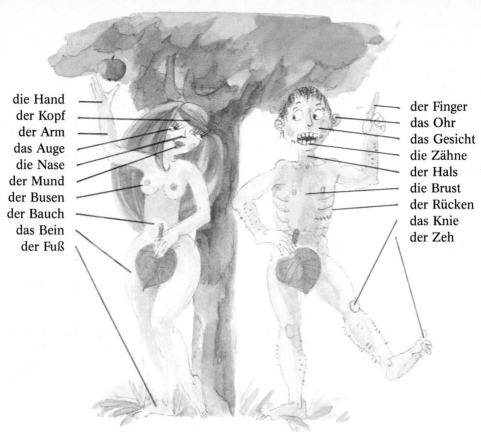

die Hand
der Kopf
der Arm
das Auge
die Nase
der Mund
der Busen
der Bauch
das Bein
der Fuß

der Finger
das Ohr
das Gesicht
die Zähne
der Hals
die Brust
der Rücken
das Knie
der Zeh

1. Frau Bartels und Herr Kleimeyer sind immer krank.

§ 10b)

Frau Bartels hat jeden Tag eine
Krankheit.
Montag kann sie nicht arbeiten,
ihr Hals tut weh.
Dienstag kann sie nicht …,
ihr … tut weh.

Auch Herr Kleimeyer hat jeden
Tag eine Krankheit.
Montag tut sein Rücken weh,
und er kann nicht schwimmen.
Dienstag tut …, und …

arbeiten   fotografieren
         essen   feiern
fernsehen   aufstehen
Deutsch lernen
              aufräumen
Fußball
Tennis | spielen kochen
einkaufen   hören
            Auto fahren
gehen   lesen
                radfahren
rauchen   schlafen   sehen
schwimmen   schreiben
sprechen   trinken   tanzen

2. Er/sie ist krank.
Was hat er/sie?

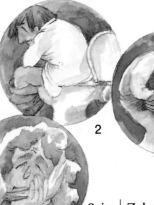

4

5

6

2

3

1

Seine	Brust	tut weh.
Ihre	Hand	
	Nase	

Er	hat	Zahnschmerzen.		
Sie		Kopfschmerzen.	Er	ist erkältet.
		Bauchschmerzen.	Sie	

Sein	Zahn	tut weh.
Ihr	Kopf	
	Bauch	
	…	

Seine	Beine	tun weh.	Er	hat	Grippe.
Ihre	Zähne		Sie		Fieber.
	Füße				Durchfall.

3. Hören Sie die Gespräche und kreuzen Sie an.

Herr Kaleschke	Peter	Walter	Frau Herzog	
				hat Kopfschmerzen.
				hat Schnupfen.
				hat Husten.
				hat Grippe.
				muß Klavier spielen.
				kann nicht arbeiten.
				möchte nicht mitkommen.
				nimmt Hustenbonbons.

Wer bekommt diesen Rat?

				„Nehmen Sie Nasentropfen."
				„Bleiben Sie im Bett."
				„Trink Hustentee."
				„Nimm eine Tablette."

§ 36

Leser fragen – Dr. Braun antwortet
Sprechstunde

Dr. med. C. Braun
beantwortet Leserfragen über das Thema Gesundheit und Krankheit. Schreiben Sie an das Gesundheitsmagazin. Ihre Frage kann auch für andere Leser wichtig sein.

2 *Lieber Doktor Braun, ich habe oft Halsschmerzen, und dann bekomme ich immer Penizillin. Ich will aber kein Penizillin nehmen. Was soll ich tun?*
Erna E., Bottrop

B Sie wollen keine Antibiotika nehmen, das verstehe ich. Seien Sie dann aber vorsichtig! Gehen Sie nicht oft schwimmen, trinken Sie Kamillentee und machen Sie jeden Abend Halskompressen. Vielleicht kaufen Sie ein Medikament aus Pflanzen, zum Beispiel Echinacea-Tropfen. Die bekommen Sie in der Apotheke.

3 *Lieber Doktor Braun, ich habe oft Schmerzen in der Brust, besonders morgens. Ich rauche nicht, ich trinke nicht, ich treibe viel Sport und bin sonst ganz gesund. Was kann ich gegen die Schmerzen tun?*
Herbert P., Bonn

1 *Sehr geehrter Herr Dr. Braun, mein Magen tut immer so weh. Ich bin auch sehr nervös und kann nicht schlafen. Mein Arzt weiß auch keinen Rat. Er sagt nur, ich soll nicht soviel arbeiten. Aber das ist unmöglich.*
Willi M., Rinteln

A Ihre Schmerzen können sehr gefährlich sein. Da kann ich leider keinen Rat geben. Sie müssen unbedingt zum Arzt gehen. Warten Sie nicht zu lange!

C Ihr Arzt hat recht. Magenschmerzen, das bedeutet Streß! Vielleicht haben Sie ein Magengeschwür. Das kann schlimm sein! Sie müssen viel spazierengehen. Trinken Sie keinen Kaffee und keinen Wein. Sie dürfen auch nicht fett essen.

4. Welcher Leserbrief und welche Antwort passen zusammen?

5. Herr P., Frau E., Herr M.

Wer hat…	Herr/Frau…	Was soll er/sie tun?	Was soll er/sie nicht tun?
Brustschmerzen? Halsschmerzen? Magenschmerzen?	*Herbert P.*	*vorsichtig sein,*	*fett essen,*

Welche Ratschläge gibt Dr. Braun?

Frau E. soll vorsichtig sein.
Herr … soll nicht fett essen und keinen Wein trinken.
Herr …
Frau …

§ 48
§ 35

6. Üben Sie.

○ Möchtest du einen Kaffee?
□ Nein danke, ich darf nicht.
○ Warum denn nicht?
□ Ich habe ein Magengeschwür.
   Der Arzt sagt, ich soll keinen Kaffee trinken.
○ Darfst du denn Tee trinken?
□ Oh ja, das soll ich sogar.

> Kaffee – ein Magengeschwür haben – Tee
> Eis essen – Durchfall haben – Schokolade
> Kuchen – Verstopfung haben – Obst
> Schweinebraten – zu dick sein – Salat
> Kaffee – nervös sein – Milch
> Butter – zuviel Cholesterin haben – Margarine
> …

7. Beim Arzt. Hören Sie zu und beantworten Sie die Fragen.

1) Was für Schmerzen hat Herr Heidemann?
2) Ißt Herr Heidemann viel?
3) Muß er viel arbeiten?
4) Trinkt er Bier oder Wein?
5) Trinkt er viel Kaffee?
6) Raucht er?
7) Nimmt er Tabletten?
8) Was sagt die Ärztin: Welche Krankheit hat
   Herr Heidemann?
9) Was soll Herr Heidemann jetzt tun?
10) Wie oft soll er das Medikament nehmen?

Schlafstörungen

Tips für eine ruhige Nacht

Jeden Morgen das gleiche: Der Wecker klingelt, doch Sie sind müde und schlapp. Sie möchten gern weiterschlafen – endlich einmal ausschlafen... Für jeden vierten Deutschen (davon mehr als zwei Drittel Frauen) sind die Nächte eine Qual – sie können nicht einschlafen oder wachen nachts häufig auf. Gegen Schlafstörungen soll man unbedingt etwas tun, denn sie können krank machen. Zuerst muß man die Ursachen kennen. Zuviel Kaffee, zu viele Zigaretten oder ein schweres Essen am Abend, aber zum Beispiel auch zuviel Lärm, zuviel Licht oder ein hartes Bett können den Schlaf stören. Manchmal sind aber auch Angst, Streß oder Konflikte die Ursache. Was können Sie also tun?

● Gehen Sie abends spazieren oder nehmen Sie ein Bad (es muß schön heiß sein!).
● Die Luft im Schlafzimmer muß frisch sein. Das Zimmer muß dunkel sein und darf höchstens 18 Grad warm sein.
● Nehmen Sie keine Medikamente. Trinken Sie lieber einen Schlaftee.
● Auch ein Glas Wein, eine Flasche Bier oder ein Glas Milch mit Honig können helfen.
● Schreiben Sie Ihre Probleme auf. Sie stehen dann auf dem Papier und stören nicht Ihren Schlaf.
● Hören Sie leise Musik.
● Machen sie Meditationsübungen oder Joga.

Und dann: Schlafen Sie gut!

8. Was soll/kann man gegen Schlafstörungen tun?

Man soll abends spazieren gehen.
Man kann auch...
Man soll...

9. Ein Freund/eine Freundin hat Schlafstörungen. Welche Ratschläge können Sie geben?

§ 36
§ 47

Geh abends spazieren!
Nimm...
Trink...

10. Welche Ratschläge können Sie geben bei...?

Erkältung
Halsschmerzen
Kopfschmerzen
Fieber
Schnupfen
Magenschmerzen
Durchfall
Zahnschmerzen
Kreislaufstörungen
...

Kamillentee trinken
Vitamintabletten nehmen
spazierengehen
Obst essen
...
nicht rauchen
Sport treiben

„... aber erst um Mitternacht!"

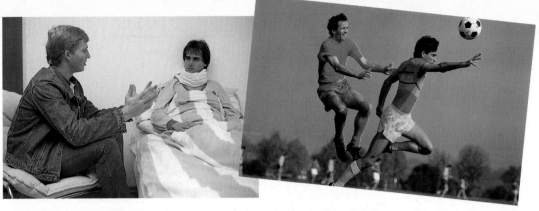

Rolf besucht seinen Freund Jochen. Jochen ist erkältet und hat Fieber. Rolf und Jochen spielen zusammen in einer Fußballmannschaft. Am Samstag ist ein sehr wichtiges Spiel. Jochen soll unbedingt mitspielen: Seine Mannschaft braucht Jochen, denn er spielt sehr gut.

11. Hören Sie erst das Gespräch. Rekonstruieren Sie dann den Dialog.

(Der Text auf der Kassette ist nicht genau gleich!)

Das sagst du! Aber mein Arzt sagt, ich soll im Bett bleiben.
Ach, dein Arzt! Komm, spiel doch mit.
Na, dann nicht. Also gute Besserung!
Jochen, du mußt am Samstag unbedingt mitspielen.
Ich habe Fieber.
Ein bißchen Fieber, das ist doch nicht so schlimm.
Nein, ich will lieber im Bett bleiben.
90 Minuten kannst du bestimmt spielen.
Ich möchte ja gern, aber ich kann wirklich nicht.

12. Schreiben Sie einen ähnlichen Dialog mit Ihrem Nachbarn. Spielen Sie dann den Dialog. Hier sind weitere Situationen:

Roland hat Halsschmerzen.
Er spielt in einer Jazzband Trompete.
Am Wochenende müssen sie spielen.

Frau Wieland ist Buch-halterin.
Sie ist seit 10 Tagen krank.
Sie hat Rückenschmerzen.
Ihr Chef, Herr Knoll, ruft an.
Sie soll kommen, denn es gibt Probleme in der Buch-haltung.

Mensch, Lisa, was hast du gemacht?

Was ist denn bloß passiert?

Na ja, es ist Samstag passiert ...

Erzähl mal!

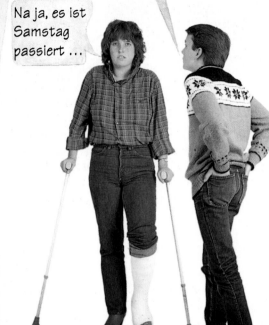

1. Dann habe ich die Bierflaschen nach unten gebracht.

5. Meine Kollegin ist gekommen und hat geholfen.

13. Und was ist nun wirklich passiert?

Ordnen Sie die Bilder.
Es gibt drei Geschichten.
(Nur eine ist wirklich passiert.)

A			
B			
C			

14. Hören Sie die drei Geschichten auf der Kassette.

15. Erzählen Sie die Geschichten mit Ihren Worten:

§ 38, 39
§ 50

Am Samstag hat Lisa ...
Dann/plötzlich ...

9. Dann bin ich hingefallen.

er/sie **hat** ...		er/sie **ist** ...
gearbeitet	gesagt	aufgestanden
aufgeräumt	geschrien	gefallen
gebracht	gespielt	gegangen
geholfen	getan	hingefallen
geholt		gekommen

2. Ich habe Fußball gespielt.

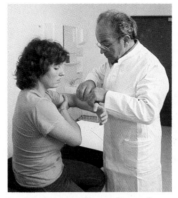

3. Mein Arm hat sehr weh getan, und ich bin zum Arzt gegangen.

4. Mensch, da habe ich laut geschrien.

6. Plötzlich ist meine Hand in die Maschine gekommen.

7. Meine Freundin hat den Arzt geholt. Er hat gesagt: „Das Bein ist gebrochen."

8. Ich bin wieder aufgestanden. Aber das Bein hat zu sehr weh getan.

10. Plötzlich bin ich gefallen.

11. Ich habe die Küche aufgeräumt.

12. Ich habe wie immer an der Maschine gearbeitet.

16. Was braucht man im Winterurlaub?

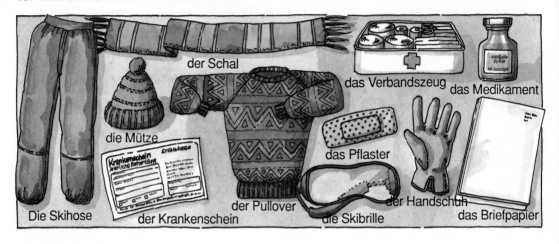

der Schal

das Verbandszeug

das Medikament

die Mütze

das Pflaster

Die Skihose

der Krankenschein

der Pullover

die Skibrille

der Handschuh

das Briefpapier

17. Was sagen die Eltern?

Heike und Hartmut fahren nach Lenggries in Bayern. Sie wollen dort Ski fahren. Sie packen ihre Koffer. Die Eltern sagen:

§ 36

Nehmt	die Skihosen	mit!
Packt auch	die Schals	ein!
Vergeßt	die Mützen	nicht!
	...	

18. Am Bahnhof.

Was haben Heike und Hartmut eingepackt?

☐ Skihosen   ☐ Skibrillen   ☐ Krankenscheine

☐ Pullover   ☐ Handschuhe   ☐ Verbandszeug

☐ Schals   ☐ Medikamente   ☐ Briefpapier

19. Üben Sie.

§ 10b)

a)

| ○ Habt *ihr eure* | Skihosen | eingepackt? |
| | ... | mitgenommen? |

☐ Ja, *unsere* Skihosen	eingepackt.	☐ Nein, *unsere* Skihosen	nicht eingepackt.
haben *wir*	mitgenommen.	haben *wir*	nicht mitgenommen.
			vergessen.

b)

○ Haben die beiden *ihre* Skihosen dabei?

☐ Ja, *ihre* Skihosen haben sie dabei.   ☐ Nein, *ihre* Skihosen haben sie nicht dabei.

Hartmut hat in Lenggries Skifahren gelernt.
Der Skikurs hat drei Wochen gedauert.
Hier das Tagesprogramm:

20. Erzählen Sie:

Hartmut ist jeden Tag um 7.00 aufgestanden...

frühstücken	–	hat gefrühstückt
Ski fahren	–	ist Ski gefahren
trinken	–	hat getrunken
essen	–	hat gegessen
haben	–	hat gehabt

Skikurs Anfänger 3

Lehrer: *Hannes Pfisterer*

7.00	aufstehen
7.45	Frühstück
9.00–11.00	Skiunterricht
11.30	Mittagessen
13.00–15.00	Skiunterricht
18.00	Abendessen

Aber ein Tag war ein Unglückstag.
Erzählen Sie:

7 Der eingebildete Kranke

○ Herr Doktor, ich bin nicht gesund.
□ So? Wo fehlt's denn?
○ Das weiß ich auch nicht.
□ Sie wissen es nicht... aber Sie sind krank?
○ Krank? Glauben Sie, ich bin krank?
□ Ich frage Sie! Ich weiß das nicht.
○ Aber – Sie sind doch der Arzt!
□ Haben Sie denn Schmerzen?
○ Bis jetzt nicht. Aber vielleicht kommt das noch.
□ Unsinn! Essen Sie normal?
○ Wenig, Herr Doktor, sehr wenig.
□ Das heißt, Sie haben keinen Appetit?
○ Oh doch! Ich esse zwar wenig, aber das dann mit viel Appetit.
□ Aha! Trinken Sie auch sehr wenig?
○ Nein, Herr Doktor, ich trinke sehr viel. Bier, Limonade, und vor allem Wasser. Ich habe immer einen furchtbaren Durst.
□ Interessant. Woher kommt wohl dieser Durst?
○ Na ja, ich schwitze sehr viel.
□ So? Und warum schwitzen Sie so viel?
○ Ich... wissen Sie... ich laufe ständig zum Arzt...
□ Ich verstehe. – Wo sind Sie versichert?
○ Versichert? Ich... ich bin nicht versichert.
□ Aha! Gut. Ich schicke Ihnen dann die Rechnung.
○ Die Rechnung, ach so... Sehen Sie, Herr Doktor, jetzt schwitze ich schon wieder...

Lektion 7

kochen

Wohnung aufräumen

Brief schreiben

fernsehen

ins Bett gehen

KONZERT SAAL

KINO

LEBENSMITTEL

ZUM THEATER

ins Kino gehen

ins Konzert gehen

Essen einkaufen

ins Theater gehen

Fahrrad fahren

Freunde treffen

essen gehen

im Garten arbeiten

Blumen gießen

Kaffee trinken

ein Bild malen

Zeitung lesen

ein Buch lesen

Radio hören

1. Was meinen Sie? Was haben die Personen gerade gemacht?

Nr. ... | hat | gerade ...
         | ist |

geschlafen   Essen gekocht

ein Sonnenbad genommen

geheiratet

einen Brief geschrieben

gefallen   in der Sauna gewesen

eine Flasche Schnaps getrunken

geschwommen

nach Hause gekommen

2. Montagmorgen im Büro

a) Was glauben Sie: Was haben die Leute am Wochenende gemacht?

Besuch gehabt   im Garten gearbeitet   eine Küche gekauft   einkaufen gegangen   tanzen gegangen

Geburtstag gefeiert   ein Tennisspiel gesehen   das Auto gewaschen   einen Ausflug gemacht

im Theater gewesen   zu Hause geblieben   Fußball gespielt   für eine Prüfung gelernt

§ 39
§ 50

b) Hören Sie zu. Was haben die Leute wirklich gemacht?

c) Überlegen Sie: Was haben die Leute vielleicht außerdem gemacht?

Frau Bärlein	hat	...
Herr Kretschmar	ist	
Tina		
Herr Weiher		

Perfekt

hat			ist	
gekocht	genommen			gekommen
gekauft	gesehen			geblieben
gearbeitet	geschrieben			gefallen
gehabt	geschlafen			gegangen
...	gewaschen			geschwommen
	getrunken			gewesen
	...			...

3. Dialogübung.

○ Krüger…

□ Hier ist Gerd. Grüß dich!
Du, Sybille, was hast du eigentlich Mittwoch nachmittag gemacht? Wir waren doch verabredet.

○ Mensch, tut mir leid. Das habe ich total vergessen.
Da habe ich ferngesehen.

Montag	Freitag	morgen
Dienstag	Samstag	mittag
Mittwoch	Sonntag	nachmittag
Donnerstag		abend

spazierengehen   lesen   wegfahren   lernen
radfahren   arbeiten   Kopfschmerzen   schlafen
tanzen gehen   Besuch haben   Sauna
schwimmen gehen   fernsehen   einkaufen

Perfekt: **Trennbare Verben**
einkaufen – ein**ge**kauft
fernsehen – fern**ge**sehen

4. Hören Sie zu.

Wer hat das erlebt?
(Manfred = M, Peter = P)

a) *M* hat ein Mädchen kennengelernt.
b) ___ hat eine Prüfung gemacht.
c) ___ hat Italienisch gelernt.
d) ___ hat zwei Wochen im Krankenhaus gelegen.
e) ___ hatte einen Autounfall.
f) ___ ist umgezogen.
g) ___ ist Vater geworden.
h) ___ war krank.
i) ___ will heiraten.

Wann war das? Im…

___ Januar	___ Mai	___ September
___ Februar	*a)* Juni	___ Oktober
___ März	___ Juli	___ November
___ April	___ August	___ Dezember

Die Verben **sein** und **haben**

Perfekt	**Präteritum**
ich bin gewesen	ich war
ich habe gehabt	ich hatte

5. Was haben Sie letztes Jahr erlebt? Was war für Sie 19… wichtig?

Letztes Jahr   19…   Im Januar…   Im…

§ 40

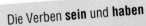

6. Haben Sie schon gehört...?

A

○ Ist Frau Soltau nicht hier?
□ Nein, sie kommt heute nicht.
○ Ist etwas passiert?
□ Ja, sie hatte einen Unfall.
○ Einen Unfall? Was ist denn passiert?
□ Na ja, sie ist hingefallen. Ihr Bein tut weh.
○ Ist es schlimm?
□ Nein, das nicht. Aber sie muß wohl ein paar Tage im Bett bleiben.

B

□ Hast du es schon gehört? Die Sache mit Frau Soltau?
△ Nein, was denn?
□ Sie hatte einen Unfall.
  Sie ist die Treppe hinuntergefallen.
△ Mein Gott! War es schlimm?
□ Ja, ihr Bein ist gebrochen.
  Sie muß zwei Wochen im Bett bleiben.

C

△ Haben Sie es schon gehört?
▽ Nein! Was denn?
△ Frau Soltau hatte einen Unfall.
▽ Was ist denn passiert?
△ Das weiß ich nicht genau. Sie liegt im Krankenhaus. Man hat sie operiert.
▽ Das ist ja schrecklich!

Was ist **passiert?**
Man hat sie **operiert.**
Wer hat das **erzählt?**
Sie hat ein Kind **bekommen.**

§ 39

Spielen Sie ähnliche Dialoge. Hier sind ein paar Möglichkeiten.

a) Frau Kuhn hat im Lotto gewonnen:
   (A)   30 000,–! Sie hat ein Auto gekauft.
   (B) 300 000,–! Sie hat ein Haus gekauft.
   (C) 800 000,–! Sie hat gekündigt und will eine Weltreise machen.

b) Frau Tönjes hat
   (A) einen Freund. Er kommt jeden Tag.
   (B) geheiratet. Sie wohnen zusammen in ihrer Wohnung.
   (C) ein Kind bekommen, aber ihr Mann ist ausgezogen.

c) Zwei Polizisten waren bei Herrn Janßen. Sie haben geklingelt.
   (A) Herr Janßen war nicht da. Die Polizisten sind wieder gegangen.
   (B) Die Polizisten sind eine halbe Stunde geblieben, dann gegangen.
   (C) Die Polizisten haben Herrn Janßen mitgenommen.

7. Kennen Sie das auch?

Habt ihr eure Hände gewaschen?
Habt ihr die Zähne geputzt?
Habt ihr eure Milch getrunken?
Habt ihr euer Brot gegessen?
Habt ihr eure Schularbeiten gemacht?
Habt ihr eure Zimmer aufgeräumt?

Na klar!

Ja!

Aber natürlich!

Klar!

Selbstverständlich!

Was fragen die Kinder und der Vater?

Hast du die Blumen gegossen?

Hast du meinen Pullover gewaschen?

Hast du ...

....

Keller aufräumen
Licht in der Garage ausmachen
Kuchen backen
Pullover waschen
Lehrerin anrufen   Gemüsesuppe kochen
Schuhe putzen
Bad putzen   Heizung anstellen
Blumen gießen   Katze füttern
Cola mitbringen   Schulhefte kaufen
Waschmaschine abstellen   Knopf annähen

8. Was kann die Frau antworten?

Nein, | das | habe ich noch nicht gemacht.
      | | mache ich nicht.
      | dazu habe ich | keine Lust.
      | | keine Zeit.

Wasch deinen Pullover | doch selbst!
Gieß deine Blumen
...

Mach das Licht doch selbst aus!
Näh den Knopf doch selbst an!
Stell die Waschmaschine selbst ab!

Du kannst | die Heizung ja selbst anstellen.
Ihr könnt | den Keller selbst aufräumen.
          | die Katze selbst füttern.
          | ...

Räumt den Keller doch selbst auf!

§ 47

9. Ein Arbeitstag

a) Was hat Frau Winter heute gemacht?

A) Die Kinder abge-
holt und nach
Hause gebracht

B) In den Super-
markt gegangen,
Jens mitgenom-
men

C) Jens in den Kin-
dergarten und
Anna in die
Schule gebracht

D) Abendessen
gekocht

E) Karl zur Halte-
stelle gebracht
und ins Büro
gefahren

F) Die Kinder ins
Bett gebracht

G) Das Frühstück
gemacht

H) Briefe beantwor-
tet, telefoniert,
Bestellungen
bearbeitet

I) Das Mittagessen
gekocht

J) Jens und Anna ge-
weckt und ange-
zogen

K) Die Freundin von
Anna nach Hause
gebracht

L) Das Zimmer von
Anna aufgeräumt

b) Wann hat Frau Winter was gemacht?
Ordnen Sie zuerst nach der Uhrzeit. Erzählen Sie dann.

§ 28a)
§ 66

Wohin? – Präposition + Akk.

in den Kindergarten
in die Schule
in das → **ins** Büro

nach Hause
zur Haltestelle

— Um 7.00 Uhr hat sie...
— Um 7.20 Uhr...
— Um 7.45 Uhr...
— Um 8.05 Uhr...
— Von 8.30 bis 12.00 Uhr...
— Um 12.20 Uhr...

— Um 12.45 Uhr...
— Um 14.30 Uhr...
— Um 16.15 Uhr...
— Um 16.30 Uhr...
— Um 18.00 Uhr...
— Um 19.50 Uhr...

10. Frau Winter muß ins Krankenhaus.

a) Hören Sie den Dialog. Wen muß Herr Winter...
   (Anna = A, Jens = J, beide = b)

___ um 7 Uhr wecken?	___ um 12.20 Uhr abholen?
___ anziehen?	___ um 12.35 Uhr abholen?
___ in den Kindergarten bringen?	___ um 19.30 Uhr ins Bett bringen?
___ in die Schule bringen?	___ um 19.50 Uhr ins Bett bringen?

b) Frau Winter hat für ihren Mann zwei Zettel geschrieben.

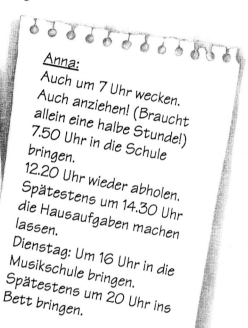

Jens:
Um 7 Uhr wecken.
Anziehen. (Er kann das nicht allein.)
7.40 Uhr in den Kindergarten bringen.
12.30 Uhr wieder abholen.
Nachmittags in den Super-markt mitnehmen.
Dann spielen lassen.
Spätestens 19.30 Uhr ins Bett bringen.

Anna:
Auch um 7 Uhr wecken.
Auch anziehen! (Braucht allein eine halbe Stunde!)
7.50 Uhr in die Schule bringen.
12.20 Uhr wieder abholen.
Spätestens um 14.30 Uhr die Hausaufgaben machen lassen.
Dienstag: Um 16 Uhr in die Musikschule bringen.
Spätestens um 20 Uhr ins Bett bringen.

Was muß Herr Winter machen?

Um sieben Uhr muß er Jens wecken.
Er muß ihn anziehen. Jens kann das nicht allein.
Um zwanzig vor acht muß er ihn...
Um...

Um sieben Uhr muß er auch Anna wecken.
Er muß sie auch anziehen. Sie braucht allein eine halbe Stunde!
Um zehn vor acht muß er sie...
Um...

§ 21
§ 51

Personalpronomen im Akkusativ   **wen?/was?**

er (Jens)	→ Herr Winter muß **ihn** wecken.
sie (Anna)	→ Herr Winter muß **sie** wecken.
es (das Zimmer) →	Anna muß **es** aufräumen.
sie (die Bücher) →	Anna muß **sie** aufräumen.

Junge (8 Jahre) auf Autobahnraststätte einfach vergessen!

Am Samstag morgen um 3.30 Uhr war der achtjährige Dirk W. mutterseelenallein auf einem Rastplatz an der Autobahn Darmstadt-Frankfurt. Seine Eltern waren versehentlich ohne ihn abgefahren.

11. Lesen Sie die drei Texte.

Nur eine Geschichte ist wirklich passiert.

1

Dirk ist mit seinen Eltern und seiner Schwester nachts um 12 Uhr von Stuttgart losgefahren. Er und seine Schwester waren müde und haben auf dem Rücksitz geschlafen. Auf einmal ist Dirk aufgewacht. Das Auto war geparkt, und seine Eltern waren nicht da. Auf dem Parkplatz war eine Toilette. Dirk ist ausgestiegen und auf die Toilette gegangen. Dann ist er zurückgekommen, und das Auto war weg.

2

Dirk ist mit seinem Vater nachts um 12 Uhr von Stuttgart losgefahren. Er hat auf dem Rücksitz gesessen und Musik gehört. Dann hat sein Vater auf dem Parkplatz angehalten und ist auf die Toilette gegangen. Es war dunkel, und Dirk hatte auf einmal Angst allein im Auto. Er ist ausgestiegen und hat seinen Vater gesucht. Aber er hat ihn nicht gefunden. Dann ist er zurückgekommen, und das Auto war weg.

3

Dirk ist mit seinem Vater und seiner Schwester nachts um 12 Uhr von Stuttgart abgefahren. Zuerst haben die Kinder noch gespielt, aber dann sind sie auf dem Rücksitz eingeschlafen. Plötzlich ist Dirk aufgewacht. Es war still, und sein Vater war nicht mehr im Auto. Auf dem Parkplatz war eine Toilette. Dort hat er seinen Vater gesucht. Aber der war nicht da. Dann ist er wiedergekommen, und das Auto war weg.

 b) Hören Sie den Bericht von Dirk. Welcher Text erzählt die Geschichte richtig?

☐ Text 1   ☐ Text 2   ☐ Text 3

12. Hören Sie den Bericht von Herrn Weber. Was erzählt er?

a) Wir sind gegen ☐ 2.00 Uhr auf einen Parkplatz gefahren.
☐ 2.30 Uhr
☐ 3.00 Uhr

b) Dort ☐ haben wir einen Kaffee getrunken.
☐ sind wir ein bißchen spazierengegangen.
☐ sind wir auf die Toilette gegangen.

c) Dann sind wir weitergefahren, ☐ und meine Frau hat geschlafen.
☐ und die Kinder haben Radio gehört.
☐ und wir haben miteinander gesprochen.

d) Um 5.00 Uhr ☐ haben wir die Suchmeldung im Radio gehört.
☐ hat uns ein Polizeiauto angehalten.
☐ haben wir auf einmal gemerkt: Dirk ist nicht da!

e) Dann ☐ sind wir sofort zurückgefahren und haben Dirk gesucht.
☐ haben wir Dirk im Polizeiauto gesehen.
☐ haben wir sofort mit der Polizei telefoniert und Dirk abgeholt.

13. Hören Sie noch einmal Dirk.

Die Eltern waren weg, das Auto war weg,
es war dunkel, und Dirk war allein.
Was ist dann auf dem Parkplatz passiert?

haben   schlafen   aussteigen
gehen
kommen
sehen   fragen   sagen
geben   sein   mitnehmen
rufen   aufwachen   warten
anrufen

Es___ kalt. Dirk___ keine Jacke, denn seine Jacke___ im Auto. Er___ Angst. Der Parkplatz___ ganz
leer. Dirk___ zuerst___: „Hilfe! Hallo!" Dann___ er eine Bank___. Dort___ er___.
Später___ dann ein Auto___. Ein Mann___ ___. Der Mann___ Dirk___: „Was machst du denn hier?
Wo sind denn deine Eltern?" Dirk___ gesagt: „Meine Eltern sind weg! Ich___ im Auto___.
Dann___ ich___ und zur Toilette___. Und dann___ das Auto weg."
Der Mann___ sofort die Polizei___. Die Polizei___ Dirk auf die Polizeistation___. Dort___ es
warm. Die Polizisten___ sehr nett. Sie___ Dirk Tee und Kuchen___. Ein Polizist___ ___: „So, Dirk,
jetzt kommt gleich deine Suchmeldung im Radio. Deine Eltern rufen bestimmt bald an." Und
so___ es dann auch.

5

Wien, Donnerstag, den 23. Juni

Liebe Anita,

ich bin gerade drei Tage auf Geschäftsreise in Wien. Die Stadt ist – wie immer – wunderschön. Diesmal habe ich etwas Zeit. Gestern war ich im Stephansdom. Heute bin ich im Prater spazierengegangen, und dann habe ich im Hotel Sacher Kaffee getrunken und drei (!) Stück Sacher-torte gegessen.

Morgen fahre ich wieder nach Hause in meine neue Wohnung. (Hast Du schon meine Adresse? Ahornstraße 52 – Telefon habe ich noch nicht bekommen.) Bis jetzt habe ich ja viel Pech gehabt in dieser Wohnung: Zuerst sind die Vormieter drei Wochen zu spät ausgezogen, und dann haben die Handwerker viele Fehler gemacht: Der Maler hat für die Türen die falsche Farbe genommen, der Tischler hat ein Loch in die Wand ge-bohrt und gleich die Elektroleitung kaputtgemacht, und die Teppichfirma hat einen Teppich mit Fehlern geliefert. Ich habe sofort reklamiert, aber bis jetzt hat es nicht geholfen… Es hat wirklich viel Ärger gegeben. Aber mein Nachbar, Herr Driesen, ist sehr nett. Er hat die Lampen montiert. Die Waschmaschine habe ich selbst angeschlossen. In der Küche funktio-niert jetzt alles.

Willst Du nicht nächste Woche mal vorbeikommen?

Bis bald, und herzliche Grüße
Deine Marianne

14. Was paßt zusammen?

1 Marianne	a) fährt Freitag nach Hause.
2 Anita	b) hat die Elektroleitung kaputtgemacht.
3 Die Vormieter	c) hat die falsche Farbe genommen.
4 Der Maler	d) hat die Lampe angeschlossen.
5 Der Tischler	e) hat die Waschmaschine angeschlossen.
6 Die Teppichfirma	f) hat einen Teppich gebracht, aber der hatte Fehler.
7 Der Nachbar	g) hat geholfen.
	h) hatte Probleme mit der Wohnung.
	i) heißt Driesen.
	j) ist eine Freundin von Marianne.
	k) ist für ihre Firma nach Wien gefahren.
	l) ist umgezogen.
	m) sind zu lange in der Wohnung geblieben.
	n) war im Prater.

Marianne Köchling war drei Tage in Wien. Am Freitag abend kommt sie nach Hause. An ihrer Wohnungstür findet sie einen Zettel.

15. Was ist passiert?

a) Sehen Sie die Bilder an. Was glauben Sie: Was ist passiert?

b) Hören Sie zu und machen Sie Notizen.

c) Was ist wirklich passiert? Erzählen Sie.

der Waschmaschinenschlauch	den Boden wischen		in die Wohnung einsteigen
der Keller	die Polizei	tropfen	Wasser
ein Geräusch hören	das Fenster einschlagen	falsch anschließen	durch die Decke

Nur einer fragt

○ Also, Herr Krause, was haben Sie gestern gemacht?

☐ Gestern, Herr Vorsitzender, habe ich nichts gemacht.

○ Nun, irgendwas haben Sie doch sicher gemacht.

☐ Nein, Herr Vorsitzender, ganz bestimmt nicht.

○ Einen Spaziergang, zum Beispiel. Haben Sie nicht wenigstens einen Spaziergang gemacht?

☐ Nein, Herr Vorsitzender, ich habe gestern keinen Spaziergang gemacht.

○ Nun denken Sie mal ein bißchen nach, Herr Krause...

☐ Das tue ich ja, Herr Vorsitzender, ich denke schon die ganze Zeit nach.

○ Aha, Sie denken schon die ganze Zeit nach. Wie lange denn schon?

☐ Ich weiß nicht... ich denke viel nach, immer wieder denke ich nach.

○ Haben Sie vielleicht gestern auch nachgedacht?

☐ Ich glaube ja, Herr Vorsitzender.

○ Na sehen Sie! Sie haben gestern also doch etwas gemacht!

☐ Na ja, das heißt...

○ Haben Sie gestern nachgedacht, ja oder nein?

☐ Ja.

○ Na also!

☐ Ist das verboten?

○ Herr Krause – hier stelle ich die Fragen!

☐ Entschuldigung.

○ Sie können gehen!

1 Neustadt

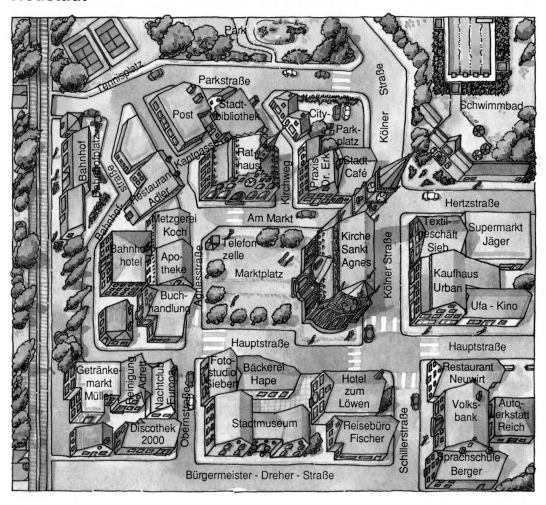

1. Wo sind die Leute gerade? Hören Sie.

§ 28a)

der	*die*	*das*
__ im Getränkemarkt	__ in der Metzgerei	__ im Blumengeschäft
__ im Supermarkt	__ in der Apotheke	__ im Textilgeschäft
__ im Stadtpark	__ in der Buchhandlung	__ im Fotostudio
__ auf dem Bahnhof	__ in der Bäckerei	__ im Schwimmbad
__ am Marktplatz	__ in der Autowerkstatt	__ im Kino
	__ in der Reinigung	__ im Café
	__ in der Stadtbibliothek	__ im Reisebüro
	__ in der Telefonzelle	__ im Hotel
	__ in der Diskothek	__ im Restaurant
	__ auf der Post	__ im Stadtmuseum
	__ auf der Bank	__ auf dem Rathaus

Wo?

(der)	**im**	Getränkemarkt	**auf dem**	Bahnhof
(die)	**in der**	Metzgerei	**auf der**	Bank
(das)	**im**	Kino	**auf dem**	Rathaus

2. Wo kann man in Neustadt...? Dialogübung.

○ Wo kann man in Neustadt sein Auto waschen lassen?
□ In der Autowerkstatt.

○ Wo kann man...?
□ Im...

Blumen, Getränke, Kleidung, Fleisch, Wurst, Filme, Bücher, Briefmarken, Brot, Arzneimittel, Lebensmittel	kaufen

Geld abheben (einzahlen, wechseln)

telefonieren   tanzen   Kaffee trinken

Fahrkarten kaufen   schwimmen

ein Buch leihen (lesen)

einen Paß bekommen

spazierengehen   essen   übernachten

einen Film sehen   eine Reise buchen

sein Auto reparieren seine Wäsche waschen ein Paßbild machen seine Kleidung reinigen	lassen

 § 67

3. Wohin gehen die Leute? Hören Sie.

der	*die*	*das*
in den Getränkemarkt	in die Metzgerei	ins Café
in den Supermarkt	in die Apotheke	ins Textilgeschäft
in den Stadtpark	in die Buchhandlung	ins Schwimmbad
in den...	in die...	ins ...
auf den Bahnhof	auf die Post	auf das Rathaus
	auf die Bank	

§ 28a)

a)    f) _____
b) _____   g) _____
c) _____   h) _____
d) _____   i) _____
e) _____

Wohin?

(der)	**in den** Getränkemarkt	**auf den**	Bahnhof
(die)	**in die** Metzgerei	**auf die**	Bank
(das)	**ins** Kino	**auf das**	Rathaus

4. Dialogübung.

○ Wo kann man in Neustadt ein Paßbild machen lassen?
□ Gehen Sie in das Fotostudio Siebert.
○ Wo ist das?

□ | Am ...-platz.
   | In der ...-straße.

○ Wo kann man...?
□ Gehen Sie...

Wo kann man hier seinen Besen reparieren lassen?

5. Was möchte Herr Kern erledigen? Wohin geht er?

Herr Kern fährt zum Bahnhof.
Er möchte eine Bahnfahrkarte kaufen.

Er fährt...

– Bahnfahrkarte kaufen
– Paket an Monika schicken
– Geld abheben
– Auto waschen lassen
– Paßbild machen lassen
– Aspirin holen
– Mantel reinigen lassen
– Blumen für Oma kaufen
– Bücher zurückgeben
– 4 Koteletts
– 10 Brötchen

Wohin gehen/fahren?

← in/auf

(der Bahnhof)   **zum** Bahnhof
(die Apotheke)   **zur** Apotheke
(das Fotogeschäft)   **zum** Fotogeschäft

← zu

6. Herr Kern kommt nach Hause.

Hören Sie das Gespräch.

a) Wo ist Herr Kern gewesen? Was hat er erledigt?

Er war auf der... und hat...

b) Wo ist Herr Kern nicht gewesen?

Er war nicht...

c) Was hat Herr Kern noch gemacht? Erzählen Sie.

§ 29

7. Dialogübung

Sie wohnen noch nicht lange in Neustadt und müssen zehn Dinge erledigen. Sie besprechen folgende Fragen: Was müssen wir besorgen/erledigen? Wo gibt es das? Wo ist das? Wer erledigt was?

a) Hören Sie zuerst ein Beispiel.
b) Sie können folgende Sätze verwenden:

Was	brauchen wir?		Wir	brauchen...
	müssen wir	besorgen?		müssen...
		erledigen?		

Wo	gibt es das?		Im/In der...
	bekommt man das?		Auf dem/Auf der...
	ist das?		
	kann man das	machen lassen?	In der ...-straße.
		kaufen?	Am ...-platz.
		bekommen?	

Also, ich gehe	in den/in die/ins...	und	kaufe...
	auf den/auf die/auf das...		hole...
	zum/zur...		besorge...
			lasse...

8. Wo ist der...?

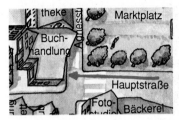

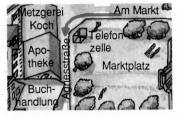

Die Hauptstraße immer geradeaus bis zur Buchhandlung.

Gehen Sie links in die Agnesstraße.

An der Ecke ist ein Restaurant.

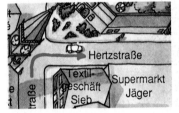

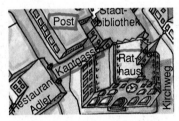

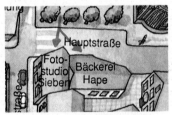

Gehen Sie rechts in die Hertzstraße.

Die Kantgasse ist zwischen der Post und dem Rathaus.

Die Bäckerei ist neben dem Fotostudio Siebert.

○ Wo ist das Restaurant Adler?
□ Am Marktplatz, neben dem Stadt-Café.
○ Und die Volksbank, wo ist die?
□ In der Schillerstraße, zwischen dem Getränkemarkt und der Diskothek 2000.

neben dem Supermarkt

zwischen der Post und dem Reisebüro

...

9. Wie komme ich zum Bahnhof?

a) Schlagen Sie den Stadtplan auf S. 94 auf und hören Sie den Dialog.

○ Entschuldigen Sie bitte!
  Wie komme ich zum Bahnhof?

□ Gehen Sie hier die Schillerstraße geradeaus bis zur Kirche. An der Kirche dann links in die Hauptstraße. Gehen Sie weiter geradeaus bis zur Agnesstraße. An der Ecke ist eine Buchhandlung. Dort dann rechts in die Agnesstraße bis zur Post. Da ist der Bahnhof.

○ Also, ich gehe hier...

b) Hören Sie die Dialoge auf der Kassette. Wiederholen Sie dann die Wegerklärungen.

  Also, ich gehe hier...

Hermes Busreisen Berlin

Bernd Hermes, Inh.
Stadtrundfahrten in Berlin
Abfahrt täglich 9, 11, 14, 16 Uhr am Breitscheidplatz
Erwachsene 14,– DM, Kinder 9,– DM

Das Internationale Congress Centrum.
Hinter dem Centrum der Funkturm.

Die Reste der Mauer zwischen Ost- und
West-Berlin. Bis 1989 hat sie Berlin in
zwei Teile geschnitten.

Unten links:
Die Kaiser-Wilhelm-Gedächtniskirche am
Bahnhof Zoo. Neben der Ruine der neue
Turm.

Unten Mitte:
Das Humboldt-Denkmal vor der
Humboldt-Universität.

Unten rechts:
Der Fernsehturm und das Rote Rathaus.
In der Kugel, hoch über der Stadt, ein
Restaurant. Unter dem Turm (hinter dem
Rathaus) der Alexanderplatz.

Die Weltzeituhr auf dem Alexanderplatz:
Treffpunkt für viele Berliner.

10. Stadtrundfahrt in Berlin.

Hören Sie den Text und machen Sie Notizen.

a) Erzählen Sie. Wohin fährt der Bus? Was machen die Leute?

Zuerst fährt der Bus zum... Dort steigen... und... Dann... Danach...
Zum Schluß...

b) Ihre Freundin/Ihr Freund ist nicht mitgefahren. Beschreiben Sie die Fahrt.

○ Erzähl mal! Wie war die Fahrt?
Was habt ihr gesehen?

□ Zuerst sind wir...
Dort sind wir... und haben...
Dann...

11. Der Berliner Bär ist das Wappentier von Berlin.

a) Wo steht er? Wo sitzt er?

a) *Er steht* _____   e) _____   👉
b) *Er* _____   f) _____   § 27, 28b)
c) _____   g) _____   § 64
d) _____   h) _____

b) Was macht der Bär?

| klettern | etwas schreiben | fliegen | etwas legen | fahren | gehen | etwas stellen |

a

b

c

d

e

f

g

h

§ 27, 28b),
30
§ 65

a) *Er fliegt* _____ e) _____

b) *Er* _____ f) _____

c) _____ g) _____

d) _____ h) _____

Alle Wege nach Berlin

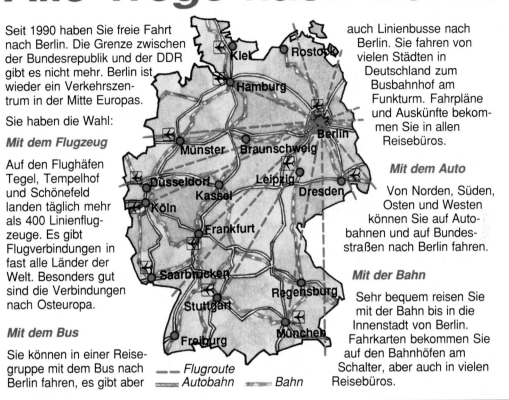

Seit 1990 haben Sie freie Fahrt nach Berlin. Die Grenze zwischen der Bundesrepublik und der DDR gibt es nicht mehr. Berlin ist wieder ein Verkehrszentrum in der Mitte Europas.

Sie haben die Wahl:

Mit dem Flugzeug

Auf den Flughäfen Tegel, Tempelhof und Schönefeld landen täglich mehr als 400 Linienflugzeuge. Es gibt Flugverbindungen in fast alle Länder der Welt. Besonders gut sind die Verbindungen nach Osteuropa.

Mit dem Bus

Sie können in einer Reisegruppe mit dem Bus nach Berlin fahren, es gibt aber auch Linienbusse nach Berlin. Sie fahren von vielen Städten in Deutschland zum Busbahnhof am Funkturm. Fahrpläne und Auskünfte bekommen Sie in allen Reisebüros.

Mit dem Auto

Von Norden, Süden, Osten und Westen können Sie auf Autobahnen und auf Bundesstraßen nach Berlin fahren.

Mit der Bahn

Sehr bequem reisen Sie mit der Bahn bis in die Innenstadt von Berlin. Fahrkarten bekommen Sie auf den Bahnhöfen am Schalter, aber auch in vielen Reisebüros.

-- Flugroute   === Autobahn   Bahn

12. Wie kommt man nach Berlin?

a) Wie kommt man mit dem Auto   (A) von Saarbrücken nach Berlin?
   (B) von Köln nach Berlin?

Man fährt von Saarbrücken zuerst nach..., dann über... nach...   Von... fährt man weiter nach...

b) Wie kommt man mit der Bahn   (A) von Freiburg nach Berlin?
   (B) von Düsseldorf nach Berlin?

Man fährt zuerst nach..., dann über... nach...   Von dort fährt man dann über... nach...

c) Wie kommt man mit dem Flugzeug   (A) von Regensburg nach Berlin?
   (B) von Kassel nach Berlin?

Von Regensburg nach Berlin kann man...   Man muß zuerst mit... nach... fahren. Von dort kann...

Berlin – 30 Jahre später

Ein US-Amerikaner berichtet.

Bis 1962 war ich in Berlin Offizier bei der US-Armee, jetzt, nach 30 Jahren, komme ich wieder zurück. Nicht als Soldat, sondern als Journalist.

In 30 Jahren ist viel passiert. Bis 1990 ist man durch die DDR nach Berlin gefahren. Dieser Staat existiert nicht mehr. Deutschland ist nicht mehr geteilt, und zwischen West- und Ost-Berlin gibt es keine Mauer mehr. Sie hat bis Dezember 1989 die Stadt in zwei Teile geschnitten.

Ich fahre zuerst zum Brandenburger Tor, dem Symbol für die deutsche Einheit. Früher war hier die Mauer. Heute kann ich durch das Tor gehen und bin dann auf der Straße ‚Unter den Linden'. Hier findet man

berühmte Gebäude des alten Berlin: die Humboldt-Universität, die Deutsche Staatsoper, die Neue Wache, das Museum für Deutsche Geschichte u.v.a. Geht man weiter, kommt man zum Alexanderplatz, einem Zentrum Alt-Berlins. Hier war auch das Zentrum Ost-Berlins. Der Platz war nach dem Krieg völlig zerstört. Man hat ihn neu aufgebaut. Für einen Westbesucher ist die Architektur des Sozialismus ungewohnt. Die Häuser sind sehr groß, ohne Farbe,

13. Was ist wahr? Was ist falsch?

	wahr	falsch
a) Der Journalist war früher Offizier bei der US-Armee.		
b) Der Journalist war 30 Jahre Offizier bei der US-Armee.		
c) Seit 1962 gibt es keine Mauer mehr.		
d) Seit 1989 ist Berlin nicht mehr geteilt.		
e) Die Humboldt-Universität ist am Alexanderplatz.		
f) Die Deutsche Staatsoper ist in der Straße „Unter den Linden".		
g) Der Alexanderplatz ist heute das Zentrum Berlins.		

mit wenig Phantasie gebaut. In den Geschäften kann man jetzt alles kaufen, und das Leben auf dem Platz ist nicht mehr so grau wie früher. Aber ein Zentrum wie im Westen ist der Alexanderplatz noch nicht.
In einem Café treffe ich einen Mann. Er sagt: „Wir haben endlich unsere Freiheit, können frei reisen, und die Geschäfte sind voll mit Waren. Das ist gut so, aber nicht alle können die Reisen und die Waren bezahlen. Viele Leute sind arbeitslos oder verdienen sehr wenig." Das bringt natürlich soziale Probleme. Und die merkt man auch. Die Atmosphäre auf dem Alexanderplatz ist nicht sehr optimistisch.

Ich möchte vergleichen und fahre zum Ku'damm. Diese weltberühmte Einkaufsstraße mit den vielen Cafés war das Zentrum West-Berlins und ist heute das Zentrum des neuen Berlin.
Das Leben hier ist bunt und interessant, aber auch nervös und hektisch. Hier treffen ganz verschiedene Leute zusammen, und alle leben ihren Stil: in den Cafés sitzen Reiche neben Armen, Jugendliche neben Rentnern, Deutsche neben Ausländern, Bürger neben Künstlern, Punks neben Geschäftsleuten.
Diese Gruppen haben alle ihre verschiedenen Interessen, und das bringt natürlich Konflikte. Für den

Studenten Dirk ist das kein Problem: „Wir in Berlin sind sehr tolerant: jeder kann machen, was er will."
Viele West-Berliner sehen das aber ganz anders. Eine Frau meint: „Seit der Vereinigung kommen immer mehr Menschen in die Stadt. Es gibt bald keinen Platz mehr. Die Wohnungen sind knapp und teuer, und die Kriminalität steigt."
Trotzdem, den Berlinern im Westen der Stadt geht es gut. Auch sie haben mehr Freiheit gewonnen. Sie wohnen nicht mehr auf einer Insel in der DDR. Sie können jetzt wieder Ausflüge in die schöne Umgebung Berlins machen. Und das tun sie auch. Jedes Wochenende fahren Tausende an die Berliner Seen.

	wahr	falsch
h) Der Ku'damm liegt im Westen von Berlin.		
i) Der Ku'damm war früher ein Zentrum in Alt-Berlin.		
j) Die Leute im Osten Berlins sind zufrieden, aber leider dürfen sie nicht reisen.		
k) Die Menschen im Westen Berlins leben besser als die Menschen im Osten.		
l) Viele Menschen ziehen nach Berlin. Deshalb fehlen Wohnungen.		

Hoffnungsvolle Auskunft

– zuerst rechts
– dann links
– dann wieder rechts
– dann zweihundert Meter geradeaus
– dann bei der Ampel scharf rechts
  dann bis zur zweiten Kreuzung
  geradeaus
– dann über den Platz weg
  und dann links
– dann um das Hochhaus herum
  und bei der Tankstelle
  links halten
– dann fragen Sie noch mal,
  und wenn man Ihnen sagt:
– gehen Sie zuerst rechts
– dann links
– dann wieder rechts
– dann zweihundert Meter geradeaus
– dann bei der Ampel scharf rechts
  dann bis zur zweiten Kreuzung
  geradeaus
– dann über den Platz weg
  und dann links
– dann in einem Bogen
  um das Hochhaus herum
  und bei der Tankstelle
  links halten …
… dann verlieren Sie bitte nicht die Hoffnung …

Jubiläum

50

WEIHNACHTEN
24. Dezember

Schenken Sie Blumen
FLUEBER

Geschenke

Ich bin da! Michael

Freut Euch
mit uns
Wir heiraten

Bild

Vase

Weingläser

Briefpapier

Tasche

Halskette

Ring

Parfüm

Wecker

Pfeife

Buch

Kugelschreiber

HUEBER

1. Wünsche, Wünsche

Was möchten Sie gern haben? Was brauchen Sie?

Ich	trinke viel Kaffee.	Deshalb möchte ich eine Kaffeemaschine haben.

(viel Musik hören)
(rauchen)
(gern fotografieren)
(viel schreiben)
(oft reisen)
(gern Ski fahren)
(nicht gern Auto fahren)
(gern Tennis spielen)
(Haustiere mögen)
(gern kochen)
(gern Fernsehfilme sehen)
(gern Gäste einladen)
(nicht gern spülen)
(Spanisch lernen)
(immer zu spät aufstehen)
(Auto selber reparieren)
(Campingurlaub machen)
(viele Bücher haben)
(gern Schmuck tragen)
(nach/in die... fahren)

der Videorekorder

die Halskette

das Briefpapier

das Wörterbuch

die Katze

die Schallplatte

die Mikrowelle

das Parfüm

die Kamera

das Feuerzeug

die Weingläser

das Bücherregal

die Pfeife

das Fahrrad

der Hund

der Kugelschreiber

die Skibrille

der Reiseführer

die Schreibmaschine

die Kaffeemaschine

der Wecker

der Geschirrspüler

das Werkzeug

die Zigarette

die Tennisbälle

der Koffer

der Film

das Zelt

das Kochbuch

der Schlafsack

der Ring

der Plattenspieler

2. Was paßt zusammen?

Herr Mahlein hat Geburtstag.
Frau Mahlein schenkt ihm einen
Videorekorder.

1. Jochen liebt Lisa.
2. Elmar (13) ist nicht gut in Englisch.
3. Yvonne lernt Deutsch.
4. Astrid (5) möchte radfahren lernen.
5. Carola (11) und Hans (9) möchten ein Radio kaufen.

a) Der Verkäufer zeigt den Kindern ein Radio.
   Dann empfiehlt er ihnen einen Radiorekorder.
b) Sie stellt dem Lehrer eine Frage.
   Er erklärt ihr den Dativ.
c) Der Vater will dem Jungen helfen.
   Deshalb kauft er ihm eine Sprachkassette.
d) Er kauft der Freundin eine Halskette.
   Er schenkt ihr die Kette zum Geburtstag.
e) Die Mutter kauft dem Kind ein Fahrrad.
   Sie will ihm das Rad schenken.

§ 3, 21
§ 51, 62, 63

Was paßt?

Bild	Satz	Sätze
A	2	c)
B		
C		
D		
E		

Nom.		Dativ	Akkusativ
Er	zeigt	dem Jungen	den Radiorekorder.
Sie		ihm	
(Es)		der Freundin	die Schallplatte.
		ihr	
		dem Kind	das Radio.
		ihm	
		den Kindern	die Halskette.
		ihnen	

3. Diese Personen haben Geburtstag. Was kann man ihnen schenken?

Gina	gern Schmuck tragen	Gina trägt gern Schmuck. Man kann ihr einen Ring schenken.
Peter Frau Kurz Yussef und Elena Luisa Jochen Herr und Frau Manz Petra Bernd	rauchen Blumen mögen nach Polen fahren gern Campingurlaub machen Tennis spielen gern fotografieren nicht gern Auto fahren gern kochen	Peter...

4. Hören Sie die Dialoge.

a) Hören Sie den Dialog A.
   Schreiben Sie ihn dann zu Ende.

○ Schau mal, morgen ist die Party bei
   Hilde und Georg. Sie haben uns
   eingeladen.
□ Ach ja, stimmt.
○ Was bringen wir ihnen denn mit?
   Weißt du nicht etwas?
□ Wir können...

b) Hören Sie die Dialoge B, C und D. Wo sind die Leute eingeladen? Was schenken sie?
   Warum? Was schenken sie nicht? Warum nicht?

| Sie schenken | ihm
ihr
ihnen | ..., denn | er
sie | ... | Sie schenken | ihm
ihr
ihnen | keinen
keine
kein | ..., denn das... |

c) Beraten Sie: Was kann man diesen Leuten schenken?

Doris Lindemann; wird 30; macht Sonntag eine Geburtstagsparty; verheiratet, zwei Kinder; Hausfrau; liest gern, geht gern ins Theater, lädt gern Gäste ein.

Ewald Berger; 55; feiert sein Dienstjubiläum; geschieden, Ingenieur; raucht; kocht gern; spielt Fußball; repariert Autos; seine Kaffeemaschine ist kaputt.

Daniela (26) und Uwe (28) Reiter; geben eine Silvesterparty; wollen in die USA fliegen; spielen Tennis; machen gern Camping; stehen immer zu spät auf; trinken gern Wein.

Liebe Ulla,

ich werde dreißig. Das möchte ich gern mit Dir und meinen anderen
Freunden feiern. Die Party ist am Freitag, 3.2., um 20.00 Uhr.
Ich lade Dich herzlich ein.
Hast Du Zeit? Bitte antworte mir bis Dienstag oder ruf mich an.

Herzliche Grüße
Dein Bernd

5. Ergänzen Sie die Personalpronomen.

a) Liebe Sonja, lieber Dirk,

_____ habe meine Prüfung bestanden. Das möchte _____ gern mit _____ und meinen anderen Freunden feiern. Die Party ist am Samstag, 4. 5., um 20.00 Uhr. _____ lade _____ herzlich ein. Habt _____ Zeit? Bitte antwortet _____ bis Donnerstag oder ruft _____ an.
Herzliche Grüße, Eure Bettina

§ 21

b) Sehr geehrter Herr Gohlke,

_____ sind 20 Jahre verheiratet. Das möchten _____ gern mit _____ und Ihrer Frau und unseren anderen Bekannten und Freunden feiern. Die Feier ist am Montag, 16. 6., um 19.00 Uhr. Haben _____ da Zeit? Bitte antworten Sie _____ bis Mittwoch oder rufen Sie _____ an.
Herzliche Grüße,
Ihre Christa und Wolfgang Halster

Personalpronomen		
Nom.	Dativ	Akkusativ
ich	Sie antwortet **mir**	Eva ruft **mich** an.
du	**dir**	**dich**
wir	**uns**	**uns**
ihr	**euch**	**euch**
Sie	**Ihnen**	**Sie**

mit + Dativ

6. Schreiben Sie jetzt selbst einen Einladungsbrief.

	Wen einladen?	Warum?	Wann?
a)	Zwei Freunde von Ihnen	Führerschein gemacht	Samstag um 19 Uhr
b)	eine Arbeitskollegin	aus Kanada zurückgekommen (nach fünf Jahren)	Donnerstag um 20 Uhr
c)	...	...	...

2

Der Kunde ist König!
Wir machen Möbel nach Ihren Wünschen.

Der Stuhl gefällt mir ganz gut. Er ist nur zu klein. Ich möchte ihn gern größer haben.

Kein Problem! Kommen Sie morgen wieder.

Sehr schön! So ist er groß genug, aber leider zu schmal. Ich möchte ihn gern breiter haben!

Na gut! Kommen Sie morgen wieder.

Ja, nicht schlecht. So ist er breit genug. Aber die Rückenlehne ist zu kurz und zu dick. Ich möchte sie gern länger und dünner haben.

Bitte schön. Kommen Sie morgen wieder.

Wunderbar! Jetzt ist die Lehne lang genug und nicht mehr zu dick. So gefällt er mir! Was kostet er denn?

489,– DM.

Wie bitte? So teuer? Können Sie ihn nicht billiger verkaufen?

Hilfe! Hilfe!

Warum laufen Sie so langsam? Können Sie nicht schneller laufen?

§ 18

7. Schreiben Sie jetzt selbst einen Text für einen Comic.

	a) Tisch	b) Bücherregal	c) Schrank
Bild 1	niedrig – hoch	groß – klein	klein – hoch
Bild 2	schmal – breit	das Holz: hell – dunkel	breit – schmal
Bild 3	die Platte: dünn – dick	die Bretter: dünn – dick	das Holz: dunkel – hell

a – ä   lang – länger

a – a   schmal – schmaler
langsam – langsamer

o – ö   hoch – höher
groß – größer

u – u   dunkel – dunkler
gut – besser

u – ü   kurz – kürzer
teuer – teurer

Der Besen ist mir zu langsam. Kannst du ihn nicht etwas schneller machen?

8. Vergleichen Sie die Tische.

	Komparativ	Superlativ
billig	billig**er**	am billig**sten**
groß	größer	am größten
leicht	leichter	am leicht**esten**
breit	breiter	am breit**esten**
gut	**bess**er	am **be**sten

Tisch B ist breiter als Tisch A. Tisch C ist am …
Tisch A ist am billigsten. Tisch B ist … als …

9. Welchen Plattenspieler können Sie mir empfehlen?

○ Welchen Plattenspieler können
Sie mir empfehlen?
□ Den für 167 Mark.
○ Und warum?
□ Der ist technisch am besten.

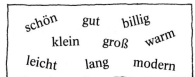

schön   gut   billig
klein   groß   warm
leicht   lang   modern

§ 18

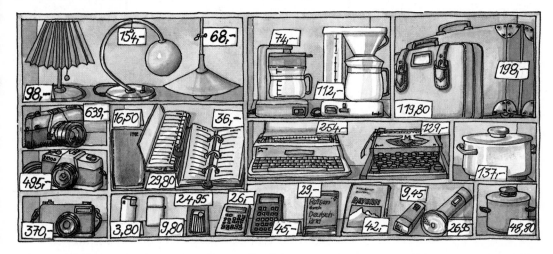

§ 22

10. Ich möchte einen Kugelschreiber.

○ Guten Tag! Ich möchte einen Kugelschreiber.
Können Sie mir bitte welche zeigen?
□ Ja gern. Gefällt Ihnen der hier?
Er kostet 8 Mark 90.
○ Nicht schlecht. – Haben Sie
noch welche?
□ Ja, den hier. Der ist billiger.
Er kostet 3 Mark 50.
○ Der gefällt mir besser, den nehme ich.

Nom.	Akkusativ
Der Kugelschreiber hier,	**den** nehme ich.
	Packen Sie **ihn** bitte ein.
Die Taschenlampe hier,	**die** nehme ich.
	Packen Sie **sie** bitte ein.
Das Feuerzeug hier,	**das** nehme ich.
	Packen Sie **es** bitte ein.

Viel Technik im Miniformat

Der *Video Walkman* ist Videorekorder und Fernseher in *einem* Gerät. Zusammen mit der Kamera CCD G100ST haben Sie ein Videostudio im Miniformat.

Das kleine Ding fürs Geschäft

Mit einem Video Walkman sagen Sie ganz einfach zu Ihrem Kunden: „Ja, dann schauen wir mal!" Und schon sieht er Ihr Produkt auf dem LCD-Bildschirm, perfekt präsentiert in Bild und Ton.

Das kleine Ding für die Reise

Sie sind abends im Hotel und möchten wissen, was los ist. Kein Problem für Sie. Antenne raus, den Video Walkman einschalten, und schon können Sie fernsehen. So bekommen Sie Ihre Informationen, aktuell in Bild und Ton.

Das kleine Ding für die Familie

Sie fragen Ihre Frau und Ihre Kinder: „Wollt ihr euch mal selbst sehen?" Na klar wollen sie. Denn die Zeit der langweiligen Dia-Vorträge ist vorbei. Der Video Walkman bringt die Erinnerungen zurück, lebendig in Bild und Ton. Gefilmt haben Sie mit der Kamera CCD G100ST, nur 455 Gramm, aber High-Tech durch und durch.

**Der Video Walkman.
Von SONY.**

11. **Lesen Sie die Anzeige.**

a) Welches Foto und welcher Abschnitt im Text gehören zusammen?

b) Was ist richtig? Was ist falsch?

	richtig	falsch
A. Mit dem Video Walkman kann man filmen.		
B. Der Video Walkman ist Fernseher und Videorekorder zusammen.		
C. Mit dem Video Walkman kann man Dias zeigen.		
D. Der Video Walkman zeigt nur Bilder.		

12. **Auf der Fotomesse.**

a) Hören Sie das Gespräch.

b) Beschreiben Sie den Video Walkman.

Was kann man mit dem Video Walkman machen?
Wer kann den Walkman gut gebrauchen?
Warum ist der Walkman praktisch?
Wie funktioniert der Walkman?

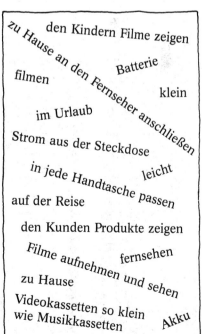

den Kindern Filme zeigen

zu Hause an den Fernseher anschließen

Batterie

filmen

klein

im Urlaub

Strom aus der Steckdose

in jede Handtasche passen

leicht

auf der Reise

den Kunden Produkte zeigen

fernsehen

Filme aufnehmen und sehen

zu Hause

Videokassetten so klein wie Musikkassetten

Akku

Jetzt bin ich viel glücklicher!

Das war Rüdiger Maaß vor drei Jahren. Da hatte er noch seine Bäckerei mit Café in Hamburg. Er hatte seine Arbeit, er hatte viel Geld, er hatte eine attraktive Frau, eine Stadtwohnung mit Blick auf die Binnenalster und einen teuren Sportwagen.
Und heute? Heute lebt er in einem Dorf in Ostfriesland. Er hat nur wenig Geld, den Sportwagen hat er verkauft, er lebt allein. Was ist passiert?

Unsere Mitarbeiterin Paula Diebel hat mit ihm gesprochen.

Paula Diebel: Herr Maaß, Sie waren in Hamburg sehr erfolgreich. Sie haben phantastisch verdient, Ihr Café war bekannt und immer gut besucht, auch in Ihrer Bäckerei waren immer Kunden. Warum sind Sie jetzt hier?
Rüdiger Maaß: Es war eigentlich ein Zufall. Ich habe das Bauernhaus hier geerbt, von einer Tante. Ich habe einen Brief vom Notar bekommen, und in dem Moment habe ich gewußt: das Leben in der Stadt ist nichts für mich. Die Bäckerei und das Café, die Arbeit, der Streß jeden Tag – das alles war ganz falsch.
P.D.: Und bevor Sie das Haus geerbt haben – waren Sie da noch zufrieden?
Rüdiger Maaß: Ich habe eigentlich nie über mein Leben nachgedacht. Ich habe immer gedacht, es muß so sein. Morgens um vier hat

der Wecker geklingelt, da bin ich aufgestanden, jeden Tag, auch Samstag und Sonntag. Feierabend war erst um 19 Uhr, und meine Arbeitswoche hatte sieben Tage. Ich hatte eigentlich überhaupt keine Freizeit.
P.D.: Und was hat Ihre Frau dazu gesagt?
Rüdiger Maaß: Ihr hat das überhaupt nicht gefallen. Sie hat immer wieder zu mir gesagt: "Irgendwann reicht es mir, dann gehe ich weg." Ich habe immer gedacht, sie sagt das nur so, und dann war sie plötzlich wirklich weg.
P.D.: Und was haben Sie da gemacht?
Rüdiger Maaß: Nicht viel. Wir haben noch ein paarmal telefoniert. Dann haben auch meine Probleme mit der Gesundheit angefangen. Magenschmerzen, Kopfschmerzen, Schlafstörungen. Ich habe immer mehr Medikamente genommen. Zum Schluß bin ich nur noch mit Schlafmitteln eingeschlafen.
P.D.: Und dieses Haus hier hat dann alles verändert?

Rüdiger Maaß: Ja. Verrückt, nicht? Aber ich habe sofort gewußt: "Das ist es! Das ist meine Chance!" Die Bäckerei und das Café habe ich einfach verkauft. Es geht mir jetzt sehr viel besser, ich bin zufriedener und gesünder. Die Luft hier ist viel sauberer als in Hamburg.
P.D.: Und das Geld reicht Ihnen?
Rüdiger Maaß: Ja, es reicht. Ich lebe hier sehr billig. Ich brauche fast nichts, nur manchmal ein Buch oder eine Schallplatte. Ich habe nicht einmal ein Telefon im Haus. Und die Garage ist leer, ich fahre nur noch mit dem Fahrrad. "Schnell, schneller, am schnellsten" – das ist vorbei. Mein Motto heute heißt: "Nur kein Streß!"
P.D: Was haben Ihre Freunde gesagt zu Ihrem Umzug aufs Land?
Rüdiger Maaß: Na ja, die meisten können das nicht verstehen. "Bäcker-Bauer" nennen sie mich. Aber das ist mir egal. Ich bin übrigens kein Bauer. Meine Tante hatte schon lange keine Kühe mehr, nur noch ein paar Hühner und einen Hund, und die habe ich behalten. Zwei Schafe habe ich auch, und ein Pferd; das mag ich am liebsten.
P.D.: Ist Ihnen nie langweilig, so allein hier?
Rüdiger Maaß: Nein, Langeweile kenne ich nicht. Mit dem Garten und den Tieren habe ich von März bis Oktober immer eine Beschäftigung. Und ich habe Freunde hier. Allein war ich früher, in Hamburg – hier nicht!

13. Wie hat Rüdiger Maaß früher gelebt?

§ 18

Heute
- hat er ein Bauernhaus.
- gefällt ihm sein Leben besser.
- kann er länger schlafen.
- muß er nicht mehr arbeiten.
- ist er gesünder.
- nimmt er keine Medikamente mehr.
- ist sein Motto: „Nur kein Streß.“

Früher
- hatte er eine Bäckerei.
- hat sein Leben ihm…
- hat der Wecker…
- hatte er…
- hat er…
- hat er…
- war sein…

	Komparativ	Superlativ
gern	lieber	am liebsten
gut	besser	am besten
viel	mehr	am meisten

14. Was sagen die Leute?

Hören Sie zu und ergänzen Sie.
Was ist für die Leute am wichtigsten?

A: „Ich bin am liebsten zu Hause vor meinem _____.“
B: „Mit meinem _____ kann ich am besten spielen.“
C: „Das _____ ist für mich am wichtigsten.“
D: „Ohne meine _____ kann ich nicht leben.“
E: „Am wichtigsten ist für mich die _____.“
F: „Mein _____ ist mir am wichtigsten.“

15. Und Sie? Was ist für Sie wichtig?

…ist mir	sehr wichtig am wichtigsten nicht wichtig	…finde ich	sehr wichtig unwichtig völlig überflüssig
…brauche ich	unbedingt jeden Tag nicht wie	ohne…kann ich nicht	leben arbeiten einschlafen …

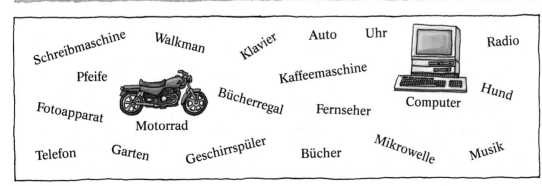

Schreibmaschine Walkman Klavier Auto Uhr Radio
Pfeife Kaffeemaschine Hund
Fotoapparat Bücherregal Fernseher Computer
Motorrad
Telefon Garten Geschirrspüler Bücher Mikrowelle Musik

5

Der große Mediovideoaudiotelemax

Der große Mediovideoaudiotelemax,
meine Damen und Herren,
ist technisch perfekt
und kann einfach alles.
Er kann rechnen,
Sie selber
brauchen also nicht mehr rechnen.
Er kann hören,
Sie selber
brauchen also nicht mehr hören.
Er kann sehen,
Sie selber
brauchen also nicht mehr sehen.
Er kann sprechen,
Sie selber
brauchen also nicht mehr sprechen.
Er kann sogar denken,
Sie selber
brauchen also nicht mal mehr denken.
Der große Medioaudiovideotelemax,
meine Damen und Herren,
ist einfach vollkommen.
Verlassen Sie sich
auf den großen Mediovideoaudiotelemax,
meine Damen und Herren,
und finden Sie endlich Zeit
für
sich selber.

„Deutschland"
von einem japanischen Schüler aus Toyohashi

1

1. Deutschland, Österreich, die Schweiz: Was ist das für Sie?

Thyssen Audi BASF
Austrian Airlines Bosch
··· Krupp Opel Hoechst
Porsche Ritter Sport Boss
Nestlé Puma Dr. Oetker

Heinrich Böll
Max Frisch
Gotthold Ephraim Lessing ···
Gottfried Keller

Richard Wagner
··· Johann Strauß
Georg Philipp Telemann

Rübezahl Wilhelm Tell ···

Gottlieb Daimler ···
Sigmund Freud

Karl Marx Martin Luther
···

Franz Beckenbauer ···
Steffi Graf Niki Lauda

Marlene Dietrich
Oskar Werner
Ursula Andress ···

Salzburg Leipzig Basel
Heidelberg ···
Essen Köln Hamburg

Helmut Kohl Bruno Kreisky
··· Konrad Adenauer

Friedensreich Hans
Hundertwasser Holbein
Ferdinand Hodler ···

Frankfurter Würste Fondue
Salzburger Nockerln
Müller-Thurgau Wiener Schnitzel
··· Ovomaltine

2. Was kennen Sie außerdem? Berichten Sie.

Sie können auch ein Fragespiel machen: „Was ist…?"/„Wer war…?"/„Wie heißt…?"/…

…ist	die Hauptstadt von eine Stadt in eine Firma in eine Fluglinie in ein Gericht aus …	Deutschland Österreich der Schweiz

…stellt	Lebensmittel Autos Stahlprodukte Chemieprodukte Elektrogeräte Motorräder Sportkleidung …	her

…ist …war	Schriftsteller/Maler Komponist/Politiker Sportlerin/Schauspieler Wissenschaftler … Deutsche/Deutscher Österreicherin/Österreicher Schweizerin/Schweizer

…hat	…geschrieben …komponiert …gemalt …gespielt …erfunden …entdeckt

3. Personen-Quiz: Große Namen

a) Hören Sie zu. Welche Daten gehören zu Person Nr. 1?

Person
Nr. 1

2☑ 28. 8. 1749:   in Frankfurt am Main geboren
1☐ 27. 1. 1756:   in Salzburg geboren
2☐ Sein Vater war Beamter.
1☐ Sein Vater war Komponist.
2☐ 1768:   Studium in Leipzig
1☐ 1769–1771:   Reise nach Italien
1☐ 1770–1771:   Studium in Straßburg   *zwischen von*
1☐ 1771–1779:   Salzburg
2☐ 1776:   endgültig in Weimar
0☐ 1779–1780:   Reise in die Schweiz   *von 1779 bis 1780*
1☐ 1781:   endgültig in Wien
17☐ 1782:   Heirat
7☐ 1790:   Reise nach Italien
2☐ 5. 12. 1791:   in Wien gestorben
8☐ 1807:   Heirat
7☐ 1815:   Minister
30☐ 22. 3. 1832:   in Weimar gestorben
1☐ Werke: z.B. „Die Zauberflöte", Krönungsmesse,
    Jupiter-Sinfonie
2☐ Werke: z.B. Werther, Faust, Wilhelm Meister

Person
Nr. 2

Goethe

Haut

b) Wie heißt die Person Nr. 1?

c) Die anderen Daten gehören zu Person Nr. 2. Wie heißt diese Person? (Lösungen Seite 195)

d) Erzählen Sie:
   „Am... ist... in... geboren. Sein Vater war....   Im Jahr... hat... eine Reise... gemacht.
   ..."

4. Machen Sie selbst ein Quiz.

Wählen Sie eine berühmte Person. Suchen Sie Informationen im Lexikon.

Fangen Sie z.B. so an: *max. 8*
„Meine Person ist eine Frau.
Sie ist am... in... geboren."
Machen sie nach jeder Information eine
Pause; da können die anderen raten.
Geben Sie höchstens acht Informationen.

Das Datum

der **erste** Januar – am **ersten** Januar
der **zwei**te Januar – am **zwei**ten Januar

Die Jahreszahlen

1749: siebzehnhundertneunundvierzig
1996: neunzehnhundertsechsundneunzig

2

Deutsch spricht man in Deutschland, Österreich, in einem Teil der Schweiz, im Fürstentum Liechtenstein und – neben Französisch und Luxemburgisch – im Großherzogtum Luxemburg. Aber auch in anderen Ländern gibt es Bevölkerungsgruppen, die Deutsch sprechen, in Europa zum Beispiel in Frankreich, Belgien, Dänemark, Italien, Polen und in der GUS.

§ 12

Deutschland, Österreich und die Schweiz sind föderative Staaten. Die „Schweizerische Eidgenossenschaft" („Confœderatio Helvetica" – daher das Autokennzeichen CH) besteht aus 26 Kantonen, die Republik Österreich („Austria", Autokennzeichen A) aus 9 Bundesländern und die Bundesrepublik Deutschland aus 16 Bundesländern. Ein Kuriosum: Die Städte Bremen, Hamburg und Berlin sind auch Bundesländer.

§ 4

In der Schweiz gibt es vier offizielle Sprachen. Französisch spricht man im Westen des Landes, Italienisch vor allem im Tessin, Rätoromanisch in einem Teil des Kantons Graubünden und Deutsch im großen Rest des Landes. Die offizielle Sprache Deutschlands und Österreichs ist Deutsch, aber es gibt auch Sprachen von Minderheiten: Friesisch an der deutschen Nordseeküste, Dänisch in Schleswig-Holstein, Sorbisch in Sachsen und Slowenisch und Kroatisch im Süden Österreichs.

Natürlich ist die deutsche Sprache nicht überall gleich: Im Norden klingt sie anders als im Süden, im Osten sprechen die Menschen mit einem anderen Akzent als im Westen. In vielen Gebieten ist auch der Dialekt noch sehr lebendig. Aber Hochdeutsch versteht man überall.

Der Genitiv

der Kanton	in einem Teil **des** Kantons
die Schweiz	in einem Teil **der** Schweiz
das Land	im großen Rest **des** Landes

Die deutschsprachigen Länder

DÄNEMARK
Nordsee
Kiel
Schleswig-Holstein
Hamburg
Elbe
NIEDERLANDE
Bremen
Niedersachsen
Hannover
BUNDESREPUBLIK
Nordrhein-Westfalen
Düsseldorf
Erfurt
Thüringe
Hessen
BELGIEN
Rhein
Rheinland-Pfalz
Wiesbaden
LUXEMBURG
Mainz
DEUTSCHLAND
Saarland
Saarbrücken
Stuttgart
FRANKREICH
Rhein
Baden-Württemberg
Bodensee
Bregenz
Basel
Zürich
Vorarlberg
Tiro
Bern
SCHWEIZ
Genfersee
Graubünden
Wallis
Tessin
ITALIEN

5. Berichten Sie: Sprachen in Ihrem Land.

In... spricht man...
Die offizielle Sprache ist...
Aber es gibt auch...
Die meisten Leute sprechen...

6. Welche Informationen gibt die Landkarte?

a) Ergänzen Sie die Sätze.
   Das größte deutsche Bundesland ist...
   Düsseldorf ist die Hauptstadt von...
   Schleswig-Holstein liegt zwischen der...
   und der...
   Salzburg ist der Name einer Stadt und
   eines... in Österreich.
   Das Fürstentum Liechtenstein hat eine
   Grenze zu... und zu...

b) Beantworten Sie die Fragen.
   – Wie viele Nachbarländer hat die
     Bundesrepublik Deutschland? Wie
     heißen sie?
   – Was meinen Sie: Welche deutschen
     Bundesländer gehören

     zu | Norddeutschland?
        | Westdeutschland?
        | Ostdeutschland?
        | Süddeutschland?

§ 8

   – Welche Bundesländer haben eine
     Grenze zu | Polen?
                | Frankreich?
                | Ungarn?

   – Welche Bundesländer haben keine
     Grenzen zum Ausland?
   – Welche Bundesländer haben eine
     Küste?
   – Durch welche Bundesländer fließt die
     Elbe?
   – Durch welche Staaten fließt | der Rhein?
                                  | die Donau?

c) Suchen Sie weitere Informationen.

Wahrzeichen

1. Die größte Kirche in Deutschland ist der Kölner Dom. 1248 hat man mit dem Bau angefangen; erst 1880 war er fertig. (Von 1560 bis 1842 hat man aber nicht weitergebaut.)

2. Diesen modernen Konzertsaal, die Philharmonie, nennen die Berliner „Zirkus Karajani": Herbert von Karajan war bis zu seinem Tod im Juli 1989 Chef der Berliner Philharmoniker.

3. Das ist die Sankt-Michaeliskirche in Hamburg. Die Hamburger nennen sie einfach den „Michel". Auch der Hafen ist ein Wahrzeichen dieser Stadt.

4. Das Hofbräuhaus braut schon seit 1589 Bier, aber das Gebäude ist vom Ende des 19. Jahrhunderts. Bis zu 30 000 Gäste pro Tag trinken hier ihr Bier und singen: „In München steht ein Hofbräuhaus..."

5. In Dresden steht der Zwinger, ein Barockschloß aus den Jahren 1710 bis 1732. Nach dem Krieg war der Zwinger zerstört, seit 1964 kann man ihn wieder besichtigen.

6. Der Zeitglockenturm, „de Zytglogge", wie die Schweizer sagen, steht in der Altstadt von Bern. Jede Stunde kommen die Touristen und bewundern die astronomische Uhr.

7. Dieses Riesenrad im Wiener Prater hat der Engländer W. B. Basset in nur acht Monaten gebaut. Es ist 61 Meter hoch. Im Juni 1897 sind die Wiener zum ersten Mal darin gefahren.

8. Frankfurt am Main ist nicht nur als Messestadt berühmt. Frankfurts Wahrzeichen ist der Römerberg mit seinen historischen Häusern. Der „Römer" ist der Sitz des Stadtparlaments.

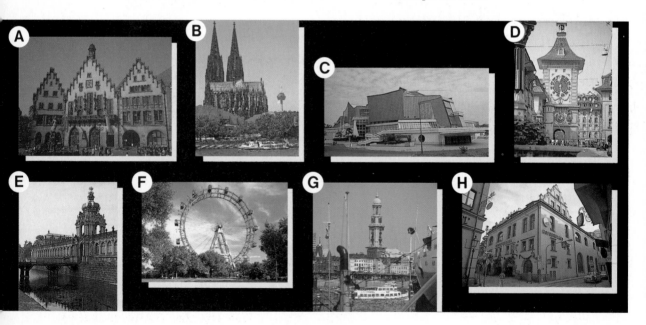

7. Bilder und Texte – was paßt zusammen?

Bild	A	B	C	D	E	F	G	H
Text								

8. Deutsch aus acht Regionen.

a) Lesen Sie den Dialog.

○ Guten Tag, entschuldigen Sie bitte…
□ Guten Tag.
○ Wie komme ich bitte zu…?
□ Ja, also, das ist ganz einfach. Passen Sie auf:
Sie gehen hier geradeaus bis zum Gasthaus.
Sehen Sie das?
○ Ja…
□ Gut. Da gehen Sie links und dann
die zweite Straße rechts.
Und dann sind Sie schon vor…
○ Vielen Dank.
□ Bitte schön.
○ Auf Wiedersehen.
□ Auf Wiedersehen.

b) Hören Sie jetzt 8 Varianten des Dialogs. Wo spielen sie?

Dialog 1: _München_   Dialog 5: _W. Dresden_
Dialog 2: _Hamburg_   Dialog 6: _Frankfurt_
Dialog 3: _Köln_   Dialog 7: _Bern_
Dialog 4: _Wien_   Dialog 8: _Berlin_

| Dresden | Frankfurt | Berlin | Bern |
| Wien | München | Köln | Hamburg |

c) Wo sagt man…?

…statt „Guten Tag“:	…statt „Auf Wiedersehen“:	…statt „Gasthaus“:
Grüessech! in _____	Tschüß! in _____	Beisl in _Wien_
Grüß Gott! in _____	Servus! in _____	Kneipe in _Hamburg_
Moin! in _____	Uf Widerluege! in _____	Wirtshaus in _Dresden_

9. Eine Sache – viele Namen:

Frikadelle
Bulette (Berlin)
Grillette (Ostdeutschland)
Fleischpflanzerl (Bayern)
Fleischlaberl (Österreich)
Fleischchüechli (Schweiz)

Brötchen
Mutschli/Semmeli (Schweiz)
Semmel (Süddeutschland, Österreich)
Schrippe (Berlin)

Schlagsahne
Schlagrahm (Süddeutschland)
Gschwungne Nidel (Schweiz)
Schlagobers (Österreich)

Pfannkuchen
Reibeplätzchen (Westdeutschland)
Reiberdatschi (Österreich und Bayern)
Kartoffelpuffer (Westfalen)
Gromperekichelcher (Luxemburg)

Kennen Sie andere Beispiele (auch in Ihrer Sprache?)

Das „Herz Europas"

Blau liegt er vor uns, der Bodensee – ein Binde-glied für vier Nationen: für seine Uferstaaten Deutschland, die Schweiz und Österreich, und – ganz in der Nähe – Liechtenstein. 150 Kilo-meter des Ufers gehören zu Baden-Württemberg, 18 km zu Bayern, 29 km zu Österreich und 69 km zur Schweiz.
Hier praktiziert man schon lange die Vereini-gung Europas. Wie selbstverständlich fährt man

von Konstanz aus mal kurz ins schweizerische Gottlieben zum Essen; die Österreicher können zu Fuß zum Oktoberfest nach Lindau gehen; die Schweizer kommen mit der Fähre nach Friedrichshafen zum Einkaufen. Das war schon vor 100 Jahren so. Damals haben Bodensee-Hoteliers den „Internationalen Bodensee-Verkehrsverein" (IBV) gegründet. Und der existiert heute noch.
Der Bodensee ist 538 Quadratkilometer groß. Zwischen Bodman in Deutschland und Bregenz in Österreich ist er 63 Kilometer lang,

10. Zahlen im Text. – Ergänzen Sie.

§ 30

2:	Es gibt zwei …
3:	Die drei Staaten … . Es gibt drei …
4:	…

14:	…	150:	…
18:	…	200:	…
29:	…	252:	…
63:	…	300:	…
69:	…	538:	…
100:	…	1064:	…

Präpositionen mit **Akkusativ:**

Der Rhein fließt **durch den See.**
Es gibt Berge (rund) **um den See.**

zwischen Friedrichshafen und Romanshorn in der Schweiz 14 Kilometer breit. Am tiefsten ist er südlich von Immenstaad: 252 Meter. Durch den Bodensee fließt der Rhein. Außerdem fließen mehr als zweihundert weitere Flüsse und Bäche in den See. Der Wanderweg um den Bodensee ist 316 Kilometer lang, der Radweg ungefähr 300 km.

Es gibt zwei Autofähren (Konstanz-Meersburg und Friedrichshafen-Romanshorn), und zwischen Mai und Oktober kann man mit dem Schiff praktisch jede Stadt und jedes Dorf am Bodensee erreichen. Die Schiffahrtslinien betreiben die drei Staaten gemeinsam. Drei große Inseln gibt es im See: Reichenau, Mainau und die Stadt Lindau.

Die deutsch-schweizerische Grenze liegt zwischen Konstanz und Kreuzlingen, die österreichisch-schweizerische zwischen Bregenz und Rorschach und die deutsch-österreichische zwischen Lindau und Bregenz. Berge gibt es überall rund um den See. Südlich des Bodensees fangen die Alpen an. Am schönsten ist der Blick auf den See vom Pfänder (1064 m hoch).

11. In welchem Land liegt...?

Rorschach?   Kreuzlingen?   der Pfänder?   Hagnau?

Bodman?   Friedrichshafen?   Meersburg?

Bregenz?   Konstanz?   Uhldingen?   Romanshorn?

Größenangaben

Der	See Berg	ist ... Meter	groß. lang. breit. hoch. tief.

12. Urlaub am Bodensee.

a) Hören Sie zu und
   kreuzen Sie an.

Herr Grasser ist
☐ Liechtensteiner
☐ Schweizer
☒ Luxemburger

Seit wann macht er Urlaub
am Bodensee?
☐ seit einem Jahr
☒ seit neun Jahren
☐ seit zehn Jahren

Wo hat er früher Urlaub
gemacht?
☐ an der Nordsee
☒ an der Côte d'Azur
☐ in den Alpen

Was ißt er gern?
☒ Fisch aus dem Bodensee
☐ Fisch aus dem Rhein
☐ Fisch aus der Mosel

Was trinkt er gern?
☐ Weißwein aus Meersburg
☒ Rotwein aus Hagnau
☐ Schnaps aus Lindau

Was macht er am liebsten?
☒ wandern
☐ segeln
☐ radfahren

Wie wohnt er?
☐ in einer Pension
☐ in einem Hotel
☒ in einem Appartement

b) Über welche Sehenswürdigkeiten spricht Herr Grasser außerdem? Kreuzen Sie an.

Zur „Blumeninsel" Mainau
kommt man über eine Brücke.
Hier wachsen Palmen, Kakteen
und Orchideen.   ☒

Die Bregenzer Festspiele: Auf der
Seebühne spielt man „Die Zauberflöte".   ☒

Das Zeppelin-Museum in Friedrichshafen: Am 2. 7. 1900 ist hier
der erste Zeppelin geflogen.   ☒

Ein Pfahlbaudorf bei Unteruhl-
dingen: So haben die Menschen
hier vor 6000 Jahren gelebt.   ☐

Das Kloster Birnau: Auch heute
noch arbeiten die Mönche im
Weinbau.   ☒

Der Rheinfall bei Schaffhausen:
Der Rhein fällt hier 21 Meter tief.
                        ☒

Welche Sehenswürdigkeiten kennen Sie?

☐ Das Hundertwasser-Haus in Wien
☐ Das Leipziger Gewandhaus
☐ Das Schloß Nymphenburg in München
☐ St. Peter und Fraumünster in Zürich
☐ Die Basler Fasnacht
☐ Die „Gorch Fock" in Kiel
☐ Das Goethehaus in Weimar

4

Liebe in Berlin

Otto	Inge – ick muß Dir wat sahrn…
Inge	Wat denn?
Otto	Tja, wie soll ick det jetzt sahrn…
Inge	Weeß ick ooch nich.
Otto	Ick wollte dir sahrn, weeßte…also, ick liebe dir.
Inge	Mir?
Otto	Ährlich!
Inge	Det is dufte, wie de det sahrst, aba det is nich janz richtich.
Otto	Wat denn – gloobste mir det nich?
Inge	Doch, ick gloob dir det, aba det is nich janz richtich, vastehste.
Otto	Nee.
Inge	Du sahrst, ick liebe dir, un det is falsch, vastehste.
Otto	Nee, aba det is mir jetzt ooch ejal.
Inge	Na, ja wenn ick dir ejal bin…
Otto	Nee, Inge, du bist mir nich ejal, ick hab dir doch jesacht, det ick dir liebe.
Inge	Ja, aba det is falsch, det du mir liebst. Ick meene…
Otto	Ick vastehe, ick soll dir richtig lieben!
Inge	Jenau! Siehste, Otto, un jetzt liebe ick dir ooch.

hübsch

häßlich

Lektion 11

dünn

fröhlich

traurig

dick

die (-n) Brille

der (÷e) Hut

die (-n) Bluse

das (-en) Hemd

die (-n) Hose

das (-er) Kleid

der (÷e) Rock

die der (÷e) Strümpfe

blond

schwarzhaarig

der (-e) Schuhe

1 Drei Ehepaare

der Kegel —
Kegel (genausa) *kegeli*

Klaus · Brigitte · Eva · Uta · Hans · Peter

1. Wie sehen die Personen aus?

Peter ist klein und dick. Er ist schon ziemlich alt. Ich glaube, er ist etwa ... Jahre alt.

Hans ist ...

verbistigt

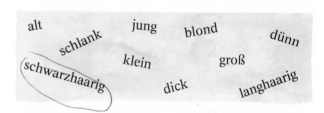

alt   jung   blond   dünn
schlank   klein   groß
schwarzhaarig   dick   langhaarig

2. Wie finden Sie die Personen?

Brigitte sieht hübsch aus, finde ich.

Ich finde, Hans sieht sehr intelligent aus.

Eva ...

cozy
durchEssen

nett sympathisch ruhig *calm* dumm häßlich
attraktiv nervös schön unsympathisch
gemütlich lustig *funny* komisch hübsch
freundlich traurig *sad* intelligent langweilig *boring*

strickjacke *Buckel* *Glatze*

3. Vergleichen Sie die Personen.

a) Vergleichen Sie:

Peter und Hans	Eva und Uta
Klaus und Peter	Brigitte und Eva
Hans und Klaus	Uta und Hans
Uta und Brigitte	Eva und Klaus

Hans ist jünger als Peter.

Peter ist kleiner als Hans.

Klaus ist etwa so groß wie Peter.

Brigitte ist viel größer als Uta.

…

größer als
so groß wie

b) Wer ist am größten, kleinsten, jüngsten …?

Ich glaube, Peter ist am ältesten.
Brigitte ist am …

4. Wer ist wer?

a) Die Personen stellen sich vor. Hören Sie die Kassette und ergänzen Sie die fehlenden Informationen.

b) Was glauben Sie: Wer ist wer? Diskutieren Sie Ihre Lösung im Kurs.

62 Jahre	_ Jahre	30 Jahre	42 Jahre	_ Jahre	38 Jahre
_ kg	88 kg	69 kg	_ kg	54 kg	_ kg
165 cm	168 cm	_ cm	160 cm	176 cm	164 cm
Clown	Koch	Pfarrer	Sekretärin	Fotomodell	Psychologin
_____	_____	_____	_____	_____	_____

Lösung S. 195

5. Die Personen auf dem Foto sind drei Ehepaare.

Was glauben Sie, wer ist mit wem verheiratet?   Lösung S. 195

6. Haben Sie ein gutes Gedächtnis?

Sehen Sie die drei Bilder eine Minute lang genau an. Lesen Sie dann auf der nächsten Seite weiter.

A   B   C

§ 16

Hier sehen Sie Teile der Gesichter. Was gehört zu Bild A, was zu Bild B und was zu Bild C?

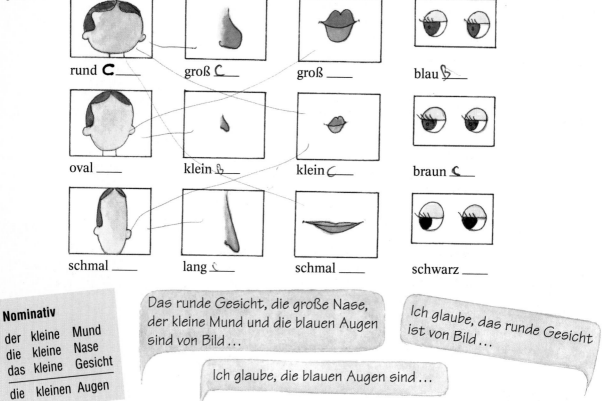

rund **C** ___   groß **C** ___   groß ___   blau ___

oval ___   klein ___   klein ___   braun **C** ___

schmal ___   lang ___   schmal ___   schwarz ___

Nominativ

der kleine Mund
die kleine Nase
das kleine Gesicht
___
die kleinen Augen

Das runde Gesicht, die große Nase, der kleine Mund und die blauen Augen sind von Bild …

Ich glaube, das runde Gesicht ist von Bild …

Ich glaube, die blauen Augen sind …

7. Familienbilder

a) Was hat der Sohn vom Vater, was hat er von der Mutter?

Den langen Hals und den großen Mund hat er von der Mutter.
Die große Nase hat er vom Vater.
Das schmale Gesicht hat er von der Mutter.
Die kurzen Beine und die dicken Arme hat er vom Vater.
Den dicken …
Die …

Meine Eltern waren so schön wie ich!

b) Und was haben die Kinder hier von Vater und Mutter?

 rot blau grün gelb

braun schwarz weiß grau

Akkusativ

den kleinen Mund
die kleine Nase
das kleine Gesicht

die kleinen Augen

8. Der neue Freund

a) Hören Sie zu. Was ist richtig?

Der neue Freund von Helga
□ war Evas Ehemann.
□ war Evas Freund.
□ ist Evas Freund.

b) Was sagen Anne und Eva?
Unterstreichen Sie die richtigen Adjektive.

Anne sagt: Der neue Freund
von Helga ist …
sehr dumm / attraktiv / nett /
unsportlich / ruhig / freundlich.

Eva sagt: Er ist …
intelligent / groß / dick / klein /
nervös / elegant / sportlich.

2

Dumme Sprüche? Kluge Sprüche?

Eine rothaarige Frau hat viel Temperament.
Reiche Männer sind meistens langweilig.
Eine schöne Frau ist meistens dumm.
Ein kleiner Mann findet schwer eine Frau.
Dicke Kinder sind gesünder.
Dicke Leute sind gemütlich.
Ein schöner Mann ist selten treu.
Kleine Kinder, kleine Sorgen - große Kinder, große Sorgen.
Eine intelligente Frau hat Millionen Feinde - die Männer.
Ein voller Bauch studiert nicht gern.
Stille Wasser sind tief.
Ein bescheidener Mann macht selten Karriere.

9. Stimmt das?

Das	finde glaube meine	ich	nicht. auch.

Das ist doch	nicht wahr. nicht richtig. Unsinn. ein Vorurteil.

| In meinem Land | sagt man:... |
| Bei uns | |

10. Was meinen Sie?

Nominativ

ein   reicher Mann
eine   reiche Frau
ein   reiches Mädchen
_____
–   reiche Leute

Eine gute Freundin ist ...

Junge Kollegen sind ...

Ein netter Chef ...

§ 16

Ein Eine	nett... blond... schlank... hübsch... jung... verheiratet... ledig... neu.. ...	Freundin Chef Chefin Mensch Kollege Kollegin Mutter Lehrer Nachbar ...	ist sind	immer meistens oft manchmal selten nie	lustig. nett. gefährlich. freundlich. intelligent. interessant. komisch. ...

nute

Der Modetip

Leserinnen finden ihren Stil

vorher

So ist Anke Hansen (28, Post-angestellte) zu uns gekommen: lange Haare, runde Brille, dezente Kleidung. Wir waren der Meinung: Anke hat zuwenig Mut zur Farbe. Der dunkle Rock und die braune Jacke sind zu konservativ für die sympathische junge Frau. Auch die langweilige Frisur steht ihr nicht.

nachher

So gefällt uns Anke viel besser: Sie hat einen kurzen modischen Rock gekauft, dazu eine rote Strick-jacke und rote Strümpfe. Jetzt trägt sie keine Brille mehr, sondern weiche Kontaktlinsen. Durch die kurze Frisur und ein dezentes Make-up wirkt Ankes Gesicht jünger und freund-licher.

11. Wie hat Anke vorher ausgesehen? Wie sieht Anke jetzt aus?

Vorher hatte Anke lange Haare, jetzt hat sie kurze Haare.

Vorher hatte Anke einen langen Rock, jetzt trägt sie…

Akkusativ

einen weißen Rock
eine weiße Bluse
ein weißes Kleid
____ weiße Schuhe

§ 16

die Jacke   die Haare   die Schuhe
die Strickjacke   die Kontaktlinsen
die Brille   die Bluse   das Make-up
die Strümpfe   die Kleidung   der Rock
die Frisur

weich   rot   hellrot   kurz
rund   dezent   dunkelbraun
jung   gelb   blond   blau
weiß   lang   sportlich

3

12. Wer ist das?

○ Er trägt einen schwarzen Anzug,
ein weißes Hemd, eine blaue
Krawatte und schwarze Schuhe.
Wer ist das?

□ Das ist Peter. –
Sie trägt einen blauen Rock,
eine gelbe ... Wer ...?

△ Das ist ...

13. Was für ein ...?

Was für	einen	Anzug
	eine	Hose
	ein	Kleid
Was für		Schuhe

○ Was für einen Anzug trägt
Peter?

□ Einen schwarzen. –
Was für Schuhe trägt Brigitte?

△ Blaue. –
Was für ...

**14. Welche Kleidungsstücke passen
zusammen?**

○ Der schwarze Anzug, das weiße Hemd,
die graue Krawatte und die
schwarzen Schuhe.

□ Die graue Hose, ...

15. Was ziehen Sie an?

a) Sie möchten zur Arbeit ins Büro gehen.

○ Was ziehen Sie an?
□ Den roten Rock, die weiße ..., ...

b) Sie möchten im Winter spazierengehen.
c) Sie möchten zu Hause im Wohnzimmer
sitzen und fernsehen.
d) Sie möchten zu einer Hochzeit gehen.

Sag mal, wer ist das denn?

Wen meinst du?

Den Mann in dem weißen Anzug, mit den blonden Haaren und der roten Brille.

Das ist Cornelias Bruder.

16. Hören Sie die drei Dialoge. Über welche Personen sprechen die beiden? Markieren Sie die Personen in der Zeichnung.

17. Spielen Sie jetzt ähnliche Dialoge. Sie können folgende Sätze verwenden.

○ Kennst du | den Mann | da? Wer ist das?   ☐ Wen | meinst du?
            die Frau   Welche Frau
   Wer ist das da? Weißt du das?   Welchen Mann
                                       Welche Person

○ Den | kleinen | Mann | in der blauen Hose und dem weißen Hemd.
        …   in dem schwarzen Rock und der roten Bluse.
   Die | schlanke | Frau   mit den roten Haaren. / mit … Brille. / …
        …

☐ Ach | den | meinst du. Das ist | Cornelias Bruder. / eine Tante von Dieter. /
        die   der Vater von Cornelia. / …

○ Kennst du | ihn?   ☐ Ja, | er | ist | sehr nett.
           sie?   sie | …

4

§ 6

Der Psycho-Test *Sind Sie tolerant?*

Punkte

1. Sie gehen im Park spazieren und sehen dieses Liebespaar. Was denken Sie?

a) Diese alten Leute sind doch verrückt! ☐ 0

b) Wunderbar. Liebe ist in jedem Alter schön. ☐ 2

c) Gut, aber müssen das alle Leute sehen? ☒ 1

2. Bei diesen Leuten macht der Mann die Hausarbeit. Was meinen Sie dazu?

a) Wo ist das Problem? ☐ 2

b) Dieser arme Mann! ☐ 0

c) Diese Frau hat wirklich ein schönes Leben. ☒ 1

3. Sie sehen dieses Kind in einem Restaurant. Was denken Sie?

a) Manche Eltern können ihre Kinder nicht richtig erziehen. ☒ 0

b) Alle Kinder essen so. ☐ 1

c) Essen muß jeder Mensch erst lernen. ☒ 2

4. Dieser Mann ist der Englischlehrer Ihrer Tochter. Was denken Sie?

a) Das ist jedenfalls gesünder als Autofahren. ☐ 2

b) In jedem Mann steckt ein Kind. ☒ 1

c) Dieser Mann ist sicher kein guter Lehrer. ☐ 0

5. Sie stehen an der Bushaltestelle. Da sehen Sie diesen Wagen. Was sagen Sie zu Ihrer Freundin?

a) Dieser Wagen braucht doch sicher viel Benzin. ☐ 1

b) Manche Leute haben zuviel Geld. ☐ 0

c) Vielleicht ist die Frau privat ganz nett. ☒ 2

6. Ihre Nachbarn feiern bis zum Morgen. Es ist sehr laut. Was tun Sie?

a) Ich rufe die Polizei an. ☐ 0

b) Ich lade Freunde ein und feiere auch. ☒ 2

c) Ich gehe in ein Hotel. ☐ 1

Ergebnis

9 bis 12 Punkte

Sie sind sehr tolerant. Sicher haben Sie viele Freunde, denn Sie sind ein offener und angenehmer Typ.

5 bis 8 Punkte

Sie sind ein angenehmer Mensch, aber Sie sind nicht wirklich tolerant. Viele Probleme sind Ihnen egal.

0 bis 4 Punkte

Sicher sind Sie ein ehrlicher, genauer und pünktlicher Mensch, aber Sie haben starke Vorurteile. Sie kritisieren andere Menschen sehr oft.

Artikelwörter

Singular		**Plural**	
der		die	
dieser	Mann	diese	Männer
mancher		manche	
jeder		alle	

Kein Geld für Irokesen

Ein junger Arbeitsloser in Stuttgart bekommt vom Arbeitsamt kein Geld. Warum? Den Beamten dort gefällt sein Aussehen nicht.

Jeden Morgen geht Heinz Kuhlmann, 23, mit einem Ei ins Badezimmer. Er will das Ei nicht essen, er braucht es für seine Haare. Heinz trägt seine Haare ganz kurz, nur in der Mitte sind sie lang – und rot. Für eine Irokesenfrisur müssen die langen mittleren Haare stehen. Dafür braucht Heinz das Ei.

„In Stuttgart habe nur ich diese Frisur", sagt Heinz. Das gefällt ihm. Das Arbeitsamt in Stuttgart hat eine andere Meinung. Heinz bekommt kein Arbeitslosengeld und keine Stellenangebote. Ein Angestellter im Arbeitsamt hat zu ihm gesagt: „Machen Sie sich eine normale Frisur. Dann können Sie wiederkommen." Ein anderer Angestellter meint: „Herr Kuhlmann sabotiert die Stellensuche." Aber Heinz Kuhlmann möchte arbeiten. Sein früherer Arbeitgeber, die Firma Kodak, war sehr zufrieden mit ihm. Nur die Arbeitskollegen haben Heinz das Leben schwergemacht. Sie haben ihn immer geärgert. Deshalb hat er gekündigt.

Bis jetzt hat er keine neue Stelle gefunden. Die meisten Jobs sind nichts für ihn, das weiß er auch: „Verkäufer in einer Buchhandlung, das geht nicht. Dafür bin ich nicht der richtige Typ."

Heinz will arbeiten, aber Punk will er auch bleiben. Gegen das Arbeitsamt führt er jetzt einen Prozeß. Sein Rechtsanwalt meint: „Auch ein arbeitsloser Punk muß Geld vom Arbeitsamt bekommen." Heinz Kuhlmann lebt jetzt von ein paar Mark. Die gibt ihm sein Vater.

(Michael Ludwig)

18. Was ist richtig?

Heinz Kuhlmann…

☒ ist ein Punk.
☒ ist arbeitslos.
☐ ist 19 Jahre alt.
☐ arbeitet in einer Buchhandlung.
☒ hat eine Irokesenfrisur.
☒ hat bei seiner alten Firma gekündigt.
☐ bekommt viele Stellenangebote vom Arbeitsamt.
☒ bekommt kein Arbeitslosengeld.
☐ hat gelbe Haare.
☒ führt einen Prozeß gegen das Arbeitsamt.

Der Junge gefällt mir!

19. Eine Fernsehdiskussion. Hören Sie zu und ordnen Sie.

◀ Das Arbeitsamt hat recht. Die Frisur ist doch verrückt! Wer will denn einen Punk haben? Kein Arbeitgeber will das!

☐ Arbeiten oder nicht, das ist mir egal. Meinetwegen kann er so verrückt aussehen. Das ist mir gleich. Das ist seine Sache. Dann darf er aber kein Geld vom Arbeitsamt verlangen. Ich finde, das geht dann nicht.

☐ Sicher, er hat selbst gekündigt, aber warum ist das ein Fehler? Er möchte ja wieder arbeiten. Er findet nur keine Stelle. Das Arbeitsamt muß also zahlen.

☐ Wie können Sie das denn wissen? Kennen Sie ihn denn? Sicher, er sieht ja vielleicht verrückt aus, aber Sie können doch nicht sagen, er will nicht arbeiten. Ich glaube, er lügt nicht. Er möchte wirklich arbeiten.

☐ Da bin ich anderer Meinung. Nicht das Aussehen von Heinz ist wichtig, sondern seine Leistung. Sein alter Arbeitgeber war mit ihm sehr zufrieden. Das Arbeitsamt darf sein Aussehen nicht kritisieren.

☐ Das finde ich nicht. Der will doch nicht arbeiten. Das sagt er nur. Sonst bekommt er doch vom Arbeitsamt kein Geld. Da bin ich ganz sicher.

☐ Das stimmt, aber er hat selbst gekündigt. Das war sein Fehler.

20. Welches Argument spricht für, welches gegen Heinz?

	für Heinz	gegen Heinz
Kein Arbeitgeber will einen Punk haben.	☐	☒
Nicht das Aussehen ist wichtig, sondern die Leistung.	☒	☐
Heinz hat selbst gekündigt. Das war sein Fehler.	☐	☒
Heinz möchte bestimmt wieder arbeiten.	☒	☐
Heinz möchte in Wirklichkeit nicht wieder arbeiten.	☐	☒
Sein alter Arbeitgeber war mit ihm sehr zufrieden.	☒	☐
Das Arbeitsamt darf sein Aussehen nicht kritisieren.	☒	☐

21. Diskutieren Sie: Muß Heinz sein Aussehen ändern oder muß das Arbeitsamt zahlen?

○ *Ich finde,* Heinz muß seine Frisur ändern.

☐ *Da bin ich anderer Meinung.*
   Das Aussehen ist doch nicht wichtig…

☐ *Genau!* Kein Arbeitgeber
   will einen Punk haben.

△ *Das stimmt, aber…*

△ *Da bin ich nicht sicher.*
   Sein alter Arbeitgeber…

Das	stimmt.			Genau!		Das stimmt,	aber…

Das | stimmt.
    | ist richtig.
    | ist wahr.

Genau!
Einverstanden!
Richtig!

Das stimmt, | aber…
Sicher, |
Sie haben recht, |

Da bin ich anderer Meinung.
Das finde ich nicht.
Das | stimmt nicht.
    | ist falsch.
    | ist nicht wahr.

Da bin ich nicht sicher.
Das glaube ich nicht.
Wie können Sie das wissen?
Wissen Sie das genau?
Sind Sie sicher?

Da bin ich
ganz sicher.
Das können Sie
mir glauben.
Das weiß ich genau.

Die Wahrheit

○ Übrigens – du hast ~~eine~~ schiefe Nase, weißt du das?

□ Ich, eine schiefe Nase...? Also, das hat mir noch keiner gesagt!

○ Das glaub' ich gern. Wer sagt einem schon die Wahrheit! Aber wir sind ja Freunde, oder...?

□ Ja, ja, gewiß... Übrigens – du hast ziemlich krumme Beine.

○ Krumme Beine – wer, ich?

□ Ja, ganz deutlich. Weißt du das denn nicht? Entschuldige, aber als dein Freund darf ich dir doch mal die Wahrheit sagen, oder...?

○ Ja, ja, schon... Aber, ehrlich gesagt, die Wahrheit interessiert mich gar nicht so sehr.

□ Offen gesagt, mich interessiert sie auch nicht besonders.

○ Na siehst du! Ich schlage vor, wir reden nicht mehr darüber.

□ Einverstanden! Vergessen wir das Thema!

○ Deine schiefe Nase ist schließlich nicht deine Schuld.

□ Stimmt! Und du kannst schließlich auch nichts für deine krummen Beine.

○ Schiefe Nase oder nicht – du bist und bleibst mein Freund.

□ Danke! Und ich finde auch: besser ein krummbeiniger Freund als gar keiner.

Lektion 12

Stewardeß

Polizist

Verkäufer

der Beruf

Sekretärin

Zahnarzt

ZEUGNIS

die Note

das Studium / die Universität

die Lehre / die Ausbildung

das Zeugnis

der Kindergarten

die Schule

1

Das will ich werden

Zoodirektor

Das ist ein schöner Beruf. Ich habe viele Tiere. Die Löwen sind gefährlich. Aber ich habe keine Angst.

Peter, 9 Jahre

Politiker

Ich bin oft im Fernsehen. Ich habe ein großes Haus in Berlin. Der Bundeskanzler ist mein Freund.

Klaus, 10 Jahre

Sportlerin

Ich bin die Schnellste in der Klasse. Später gewinne ich eine Goldmedaille.

Gabi, 9 Jahre

Fotomodell

Das ist ein interessanter Beruf. Ich habe viele schöne Kleider. Ich verdiene viel Geld.

Sabine, 8 Jahre

Nachtwächter

Dann arbeite ich immer nachts. Ich muß nicht ins Bett gehen. Ich habe einen großen Hund.

Paul, 8 Jahre

Dolmetscherin

Ich verstehe alle Sprachen. Dieser Beruf ist ganz wichtig. Ich kann oft ins Ausland fahren.

Julia, 10 Jahre

1. Wer hat was geschrieben?

§ 52

Sabine: Ich will Fotomodell werden, weil ich dann viel Geld verdiene.

_____ : _____ , weil ich dann alle Sprachen verstehe.

_____ : _____ , weil ich dann oft im Fernsehen bin.

_____ : _____ , weil der Beruf ganz wichtig ist.

_____ : _____ , weil ich dann nicht ins Bett gehen muß.

_____ : _____ , weil ich dann viele Tiere habe.

_____ : _____ , weil ich dann schöne Kleider habe.

2. Fragen Sie Ihren Nachbarn.

○ Warum will Paul Nachtwächter werden?

□ Weil er dann immer nachts arbeitet, und weil...

○ Und warum will Gabi...?

□ Weil...

○ ...

Nebensatz mit „weil"

Das ist ein schöner Beruf.

...weil das ein schöner Beruf ist.

Ich habe dann schöne Kleider.

...weil ich dann schöne Kleider habe.

Heute (Präsens)
Ich will Ingenieur werden.

Früher (Präteritum)
Ich wollte Ingenieur werden.

§ 41

3. Was wollten Sie als Kind werden? Warum?

Ballerina   Kapitän   Cowboy

Boxer   Stewardess   Popsänger

Eisverkäufer   Astronaut   Lehrer

Schauspielerin   Arzt   Rennfahrer

Ich wollte Lehrerin werden,
weil meine Mutter Lehrerin war.

Ich wollte..., weil...

Sind Sie mit Ihrem Beruf zufrieden?

Nein, gar nicht. Eigentlich wollte ich Friseurin werden. Ich habe auch die Ausbildung gemacht und danach drei Jahre in einem großen Friseursalon gearbeitet. Aber dann habe ich eine Allergie gegen Haarspray

bekommen und mußte aufhören. Jetzt habe ich eine Stelle als Verkäuferin gefunden – in einem Supermarkt. Aber das macht mir keinen Spaß; ich kann nicht selbständig arbeiten und verdiene auch nicht viel. Deshalb suche ich im Augenblick eine neue Stelle.

Anke Voller, 29 Jahre,
Verkäuferin

Meine Eltern haben einen Bauernhof, deshalb mußte ich Landwirt werden. Das war mir schon immer klar, obwohl ich eigentlich nie Lust dazu hatte. Mein jüngerer Bruder

hat es besser. Der durfte seinen Beruf selbst bestimmen, der ist jetzt Bürokaufmann. Also, ich möchte auch lieber im Büro arbeiten.

Meine Arbeit ist schmutzig und anstrengend, und mein Bruder geht jeden Abend mit sauberen Händen nach Hause.

Florian Gansel, 28 Jahre,
Landwirt

Leider nicht. Ich war Maurer, aber dann hatte ich einen Unfall und konnte die schwere Arbeit nicht

mehr machen. Jetzt arbeite ich als Taxifahrer, weil ich keine andere Arbeit finden konnte. Ich muß oft nachts und am Wochenende ar-

beiten, und wir haben praktisch kein Familienleben mehr. Deshalb bin ich nicht zufrieden, obwohl ich ganz gut verdiene.

Werner Schmidt, 48 Jahre,
Taxifahrer

Ja. Ich sollte Zahnärztin werden, weil mein Vater Zahnarzt ist und

eine bekannte Praxis hat. Aber ich wollte nicht studieren, ich wollte die Welt sehen. Ich bin jetzt Stewardess bei der Lufthansa. Das ist ein toller Beruf: Ich bin immer auf Reisen und lerne viele interessante Menschen kennen. Das macht mir sehr viel Spaß, obwohl es an manchen Tagen auch anstrengend ist.

Paula Mars, 25 Jahre,
Stewardess

4. Wer ist zufrieden? Wer ist unzufrieden? Warum?

§ 58

Name	Beruf	zufrieden?	warum?
Anke V. Florian G. Werner S. Paula M.	Verkäuferin	nein	kann nicht selbständig arbeiten, ...

Anke Voller ist Verkäuferin. Sie ist unzufrieden, weil sie nicht selbständig arbeiten kann und nicht viel verdient.

Florian Gansel ist ...

> Hexe ist ein Beruf mit Zukunft. Ich bin sehr zufrieden!

5. wollte – sollte – mußte – konnte – durfte.

Welches Modalverb paßt?

§ 41

a) Anke Voller _____ Friseurin werden, aber sie _____ nicht lange in diesem Beruf arbeiten, weil sie eine Allergie bekommen hat. Deshalb _____ sie den Beruf wechseln.

b) Florian Gansel _____ eigentlich nicht Landwirt werden, aber er _____, weil seine Eltern einen Bauernhof haben. Sein Bruder _____ Bürokaufmann werden.

c) Werner Schmidt _____ eine andere Arbeit suchen, weil er einen Unfall hatte. Eigentlich _____ er nicht Taxifahrer werden, aber er _____ nichts anderes finden.

d) Paula Mars _____ eigentlich nicht Stewardess werden. Ihr Vater _____ noch eine Zahnärztin in der Familie haben. Aber sie _____ lieber reisen.

Präteritum

Ich	wollte ... konnte ... durfte ... sollte ... mußte ...	Er/sie	wollte ... konnte ... durfte ... sollte ... mußte ...

6. Zufrieden oder unzufrieden?

nach Hause gehen wollen   wenig Arbeit haben   eine schmutzige Arbeit haben

reich sein   einen schönen Beruf haben   nachts arbeiten müssen

keine Freizeit haben

viel Geld verdienen

Er	ist	zufrieden,	weil ...
Sie		unzufrieden,	obwohl ...

viel Arbeit haben

viel Geld haben

schwer arbeiten müssen   in die Schule gehen müssen   nicht arbeiten müssen

eine anstrengende Arbeit haben   schlechte Arbeitszeiten haben   viele Länder sehen

7. Wollten Sie lieber einen anderen Beruf? Haben Ihre Freunde ihren Traumberuf?

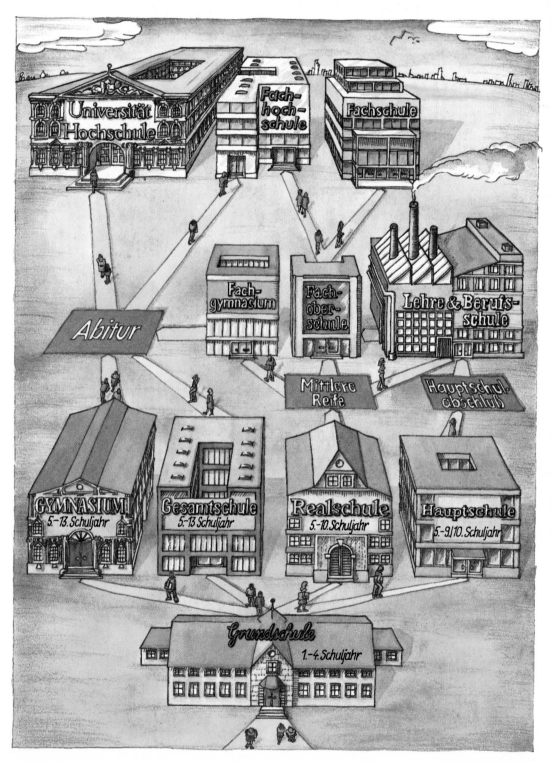

STAATLICHE REALSCHULE ISMANING

Schuljahr 19 86/87   Wahlpflichtfächergruppe III E   Klasse 9 a L

JAHRESZEUGNIS

für

(Sämtliche Vornamen, Familienname)

geboren am 07.01. 1971 in Königswinter

Der ehrgeizige Schüler war eifrig um seine schulischen Leistungen bemüht. Sein Verhalten war im allgemeinen ordentlich.

Leistungen in Pflicht- und Wahlpflichtfächern

Religionslehre (kr.)	gut	Sport	gut
Deutsch	befriedigend	Musik	gut
Englisch	befriedigend	Kunsterziehung	befriedigend
Mathematik	ausreichend	Werken	
Physik	befriedigend	Technisches Zeichnen	befriedigend
Chemie	ausreichend	Textilarbeit	
Geschichte	befriedigend	Hauswirtschaft	
Erdkunde	befriedigend	Kurzschrift	
Wirtschafts- u. Rechtslehre	befriedigend	Maschinenschreiben	
Rechnungswesen		Französisch	
Sozialwesen			

Teilnahme am Wahlunterricht

Die Erlaubnis zum Vorrücken in die nächsthöhere Jahrgangsstufe hat er – sie – _____ erhalten.

Ismaning, 28. Juli 1987

SCHULLEITER/IN   O. Glaser   KLASSENLEITER/IN

---

städt. Adolf-Weber-Gymnasium

ZEUGNIS ÜBER DEN AUSBILDUNGSABSCHNITT 13/1")
IM SCHULJAHR 1990/91

für

(Vorname, Familienname)

Halbjahresleistungen:

1. Grundkurse (jeweils Endpunktzahlen ²)

Sprachlich-literarisch-künstlerisches Aufgabenfeld

Deutsch	06	Griechisch		Musik	--
Englisch	--	Latein	--		
Französisch	--	Kunsterziehung			

Gesellschaftswissenschaftliches Aufgabenfeld

Geschichte	08	Wirtschafts- und Rechtslehre		
Erdkunde	--	Religionslehre (ev).	--	
Sozialkunde	--	Ethik	11	

Mathematisch-naturwissenschaftlich-technisches Aufgabenfeld

Mathematik	05	Physik	--	
Biologie	05			
Chemie	05		--	

außerhalb der Aufgabenfelder

Sport ... 12

2. Leistungskurse (jeweils Endpunktzahlen ³)

Englisch	23	Wirtsch. u. Rechtsl.	22

Bemerkungen: ⁴)

München, 1. Februar 1991

Kollegstufenbetreuer/in
StD. H. Blessig

Schulleiter/in
OStD. Dr. A. Gierl

---

8. Was ist richtig? Korrigieren Sie die falschen Aussagen.

Das Schulsystem in der Bundesrepublik Deutschland	Richtig
a) Die Grundschule dauert in Deutschland fünf Jahre.	F vier Jahre
b) Jedes Kind muß die Grundschule besuchen. Wenn man die Grundschule besucht hat, kann man zwischen Hauptschule, Realschule, Gymnasium und Gesamtschule wählen.	T
c) In Deutschland gibt es nicht an allen Schulen die gleichen Zeugnisnoten.	F
d) Wenn man studieren will, muß man das Abitur machen.	T - 6
e) Das Abitur kann man auf der Realschule machen.	F Gymnasium
f) Wenn man den Realschulabschluß oder den Hauptschulabschluß gemacht hat, kann man auch noch auf das Gymnasium gehen.	F - nicht - Lehre, Berufsschule, Fachoberschule, Fachgymnasium
g) Auf der Hauptschule kann man eine Lehre machen.	T
h) Alle Schüler müssen auf die Hauptschule gehen.	F - Grundschule

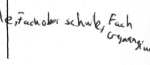

9. Berichten Sie über das Schulsystem in Ihrem Land.

§ 7

Alle Kinder müssen … Jahre die Schule besuchen.
Jedes Kind kann sich die Schule aussuchen.
Die meisten Kinder besuchen die …
Es gibt Zeugnisnoten von … bis …
Jedes Kind kann …
Manche Schüler …
Die … schule dauert … Jahre.
Wenn man studieren will, muß man …

10. Manfred Zehner, Realschüler

Das 9. Schuljahr ist zu Ende. Manfred Zehner hat jetzt verschiedene Möglichkeiten. Er kann

a) noch ein Jahr zur Realschule gehen.
b) auf das Gymnasium oder auf die Gesamtschule gehen.
c) mit der Schule aufhören und eine Lehre machen.
d) mit der Schule aufhören und eine Arbeit suchen.

Manfred überlegt die Vor- und Nachteile.

§ 53

a) Wenn er noch ein Jahr zur Realschule geht, dann | bekommt er den Realschulabschluß.
kann er noch kein Geld verdienen.
...

b) Wenn er auf das Gymnasium geht, dann | kann er...
...

c) Wenn...
d) Wenn...

Nebensatz **Hauptsatz**

Wenn er eine Lehre macht, – verdient er Geld
dann verdient er Geld.

+ einen richtigen Beruf lernen
+ den Realschulabschluß bekommen
+ das Abitur machen können
+ schon gleich Geld verdienen können
– später keinen richtigen Beruf haben
– noch mindestens vier Jahre kein Geld verdienen
– noch kein Geld verdienen
– später nicht studieren können

11. Manfred Zehner und seine Eltern

a) Hören Sie zu.
b) Was stimmt nicht? Korrigieren Sie den Text.

Manfred will mit der Schule aufhören, weil er ein schlechtes Zeugnis hat. Er will eine Lehre machen, wenn er eine Stelle findet. Manfreds Vater findet diese Idee gut. Er sagt: „Die Schulzeit ist die schlimmste Zeit im Leben." Manfreds Mutter sagt zu ihrem Mann: „Sei doch nicht so dumm! In einem Jahr hat Manfred einen richtigen Schulabschluß." Manfred kann auch auf das Gymnasium gehen und dann studieren. Das möchte er aber nicht, weil Akademiker so wenig Geld verdienen.

c) Machen Sie mit Ihrem Nachbarn ein Rollenspiel: Ihre Schwester (Ihr Bruder) will mit der Schule aufhören, aber sie (er) hat noch kein Abschlußzeugnis.

Akademiker heute — Ohne Zukunft

future

Immer mehr Hochschulabsolventen finden nach dem Studium keine Arbeit. In zehn Jahren, so schätzt das Arbeitsamt, gibt es für 3,1 Millionen Hochschulabsolventen nur 900.000 freie Stellen.

Die Studenten wissen das natürlich, und die meisten sehen ihre Zukunft nicht sehr optimistisch. Trotzdem studieren sie wei-

Conny Ahrens, 21,
4. Semester, studiert
Germanistik in Kiel
„Was soll ich denn sonst machen?"

ter. „Was soll ich denn sonst machen?", fragt die Kieler Germanistikstudentin Conny Ahrens. Ihr macht das Studium wenig Spaß, weil der Konkurrenzkampf heute schon in der Uni beginnt. *competition struggle*

Für andere Studenten wie Konrad Dehler (23) ist das kein Problem: „Auch an der

Konrad Dehler, 23,
6. Semester, studiert
Wirtschaft an der
Universität Göttingen
„Ich werde nicht arbeitslos, ich schaffe es bestimmt"

Uni muß man kämpfen. Man muß besser sein als die anderen, dann findet man schon eine Stelle." Zukunftsangst kennt er nicht: „Ich werde nicht arbeitslos, ich schaffe es bestimmt."

(achieve, cause, bring about)

Vera Röder (27) hat es noch nicht geschafft. Sie hat an der Universität Köln Psychologie studiert. Obwohl sie ein gutes Examen gemacht hat, ist sie immer noch arbeitslos. „Ich habe schon über zwanzig Bewerbungen geschrieben, aber immer war die Antwort negativ. Man sucht vor allem Leute mit Berufserfahrung, und die habe ich noch nicht."
Obwohl sie schon 27 Jahre alt ist, wohnt sie immer noch bei ihren Eltern. Eine eigene Wohnung ist ihr zu teuer. Denn vom Arbeitsamt bekommt sie kein Geld, weil

Vera Röder, 27,
ist Diplom-Psychologin
und sucht eine Stelle
„Ich habe schon 20 Bewerbungen geschrieben, aber immer war die Antwort negativ"

sie noch nie eine Stelle hatte. Das Arbeitsamt kann ihr auch keine Stelle anbieten. Vera Röder weiß nicht, was sie machen soll. Sie arbeitet zur Zeit 20 Stunden pro Woche in einem Kindergarten. „Die Arbeit dort ist ganz interessant, aber mein Traumjob ist das nicht. Wenn ich in drei Monaten noch keine Stelle habe, dann gehe ich wahrscheinlich wieder zur Uni und schreibe meine Doktorarbeit." Aber auch für Akademiker mit einem Doktortitel ist die Stellensuche nicht viel einfacher.

12. Was paßt zusammen?

₁ Immer mehr Studenten sind nach dem Examen arbeitslos,	₁ studiert sie nicht gern. 2
₂ Weil es Konkurrenzkämpfe zwischen den Studenten gibt,	₂ aber eine Stelle hat sie noch nicht gefunden.
₃ Obwohl Conny Ahrens keinen Spaß am Studium hat,	₃ weil sie noch nie gearbeitet hat 8
₄ Konrad Dehler hat keine Zukunftsangst,	₄ weil sie Geld braucht. 6
₅ Vera Röder wohnt bei ihren Eltern,	₅ studiert sie trotzdem weiter. 3
₆ Vera Röder arbeitet im Kindergarten,	₆ findet sie keine Stelle. 10
₇ Wenn Vera Röder in den nächsten Monaten keine Stelle findet,	₇ weil sie noch keine Berufs- 11 erfahrung hat. expirin
₈ Vom Arbeitsamt bekommt Vera Röder kein Geld,	₇ möchte sie wieder studieren.
₉ Vera Röder hat schon 20 Bewerbungen geschrieben,	₅ obwohl sie schon 27 Jahre alt ist.
₁₀ Obwohl Vera Röder ein gutes Examen gemacht hat,	₁ weil es zu viele Akademiker gibt.
₁₁ Die Antworten auf Vera Röders Bewerbungen waren negativ,	₄ weil er besser ist als die anderen Studenten.

13. Beschreiben Sie die Situation von Vera Röder.

Vera ist…   hat…geschrieben   Sie findet keine Stelle, weil…
wohnt…   bekommt…   Obwohl sie…
hat… studiert   arbeitet…   Das Arbeitsamt…
sucht…   möchte…
hat…gemacht

14. Beschreiben Sie die Situation von Jörn.

Realschulabschluß, 17 Jahre, möchte Automechaniker werden, Eltern wollen das nicht („schmutzige Arbeit"), soll Polizist werden (Beamter, sicherer Arbeitsplatz), Jörn will aber nicht, selbst eine Lehrstelle gesucht, letzten Monat eine gefunden, Beruf macht Spaß, aber wenig Geld…

15. Welche Schule haben Sie besucht? Was haben Sie nach der Schule gemacht?

Prüfung gemacht   Diplom gemacht   studiert   die …schule besucht

eine Reise gemacht   eine Lehre gemacht   in … / bei … gearbeitet

… Jahre zur Schule gegangen   im Ausland gewesen

eine Stelle als … gefunden   geheiratet

Stellenangebote

ALKO-DATALINE

sucht eine *Sekretärin* für die Rechnungsabteilung

Wir – sind ein Betrieb der Elektronikindustrie
– arbeiten mit Unternehmen im Ausland zusammen
– bieten Ihnen ein gutes Gehalt, Urlaubsgeld, 30 Tage Urlaub, Betriebskantine, ausgezeichnete Karrierechancen
– versprechen Ihnen einen interessanten Arbeitsplatz mit
Zukunft, aber nicht immer die 5-Tage-Woche
Sie – sind ca. 25 bis 30 Jahre alt und eine dynamische Per-
sönlichkeit
– sprechen perfekt Englisch
– arbeiten gern im Team
– lösen Probleme selbständig
– möchten in Ihrem Beruf vorwärtskommen

Rufen Sie unseren Herrn Waltemode unter der Nummer
20 03 56 an oder schicken Sie uns Ihre Bewerbung.

ALKO-DATALINE

Industriestr. 27, 63073 Offenbach

Unser Betrieb wird immer größer. Unsere
internationalen Geschäftskontakte werden immer
wichtiger. Deshalb brauchen wir eine zweite

Chefsekretärin

mit guten Sprachkenntnissen in Englisch und
Spanisch. Zusammen mit Ihrer Kollegin arbeiten Sie
direkt für den Chef des Unternehmens. Sie bereiten
Termine vor, sprechen mit Kunden aus dem In- und
Ausland, besuchen Messen, schreiben Verträge, mit
einem Wort: Auf Sie wartet ein interessanter
Arbeitsplatz in angenehmer Arbeitsatmosphäre.
Außerdem bieten wir Ihnen: 13. Monatsgehalt,
Betriebsrente, Kantine, Tennisplatz, Schwimmbad.

Böske & Co. Automatenbau
Görickestraße 13, 64297 Darmstadt

Wir sind ein Möbelunternehmen mit 34 Geschäften in ganz Deutschland. Für unseren
Verkaufsdirektor suchen wir dringend eine

Chefsekretärin

mit mehreren Jahren Berufserfahrung.

Wir bieten einen angenehmen und siche-
ren Arbeitsplatz mit sympathischen Kollegen, gutem Betriebsklima und besten
Sozialleistungen. Wenn Sie ca. 30 bis 35
Jahre alt sind, perfekt Schreibmaschine
schreiben, selbständig und allein arbeiten
können, bewerben Sie sich bei:

Baumhaus KG
Postfach 77, 63454 Hanau am Main
Telefon (06181) 3 60 22 39

---

16. Was für eine Sekretärin suchen die Firmen? Was bieten die Firmen?

Alko-Dataline	Böske & Co.	Baumhaus KG

Die Firma bietet:
– ein gutes Gehalt
– ...
	Die Firma bietet:
	– einen interessanten Arbeits-
	  platz
	– ...
		Die Firma bietet:
		– einen angenehmen und
		  sicheren Arbeitsplatz
		– ...

Die Sekretärin soll:
– 25–30 Jahre alt sein
– ...
	Die Sekretärin soll:
	– gute Sprachkenntnisse in
	  Englisch und Spanisch haben
	– ...
		Die Sekretärin soll:
		– mehrere Jahre Berufs-
		  erfahrung haben
		– ...

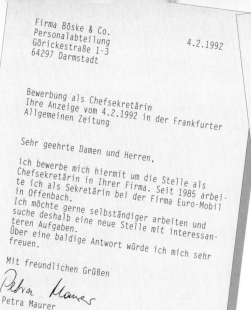

Firma Böske & Co.
Personalabteilung
Görickestraße 1-3
64297 Darmstadt

4.2.1992

Bewerbung als Chefsekretärin
Ihre Anzeige vom 4.2.1992 in der Frankfurter
Allgemeinen Zeitung

Sehr geehrte Damen und Herren,

ich bewerbe mich hiermit um die Stelle als
Chefsekretärin in Ihrer Firma. Seit 1985 arbeite ich als Sekretärin bei der Firma Euro-Mobil
in Offenbach.
Ich möchte gerne selbständiger arbeiten und
suche deshalb eine neue Stelle mit interessan-
teren Aufgaben.
Über eine baldige Antwort würde ich mich sehr
freuen.

Mit freundlichen Grüßen

Petra Maurer

Petra Maurer

Lebenslauf

Name	Maurer, geb. Pott
Vornamen	Petra Maria Barbara
geboren am	16.08.1965
in	Aschaffenburg / Main
01.09.1971-	Grundschule in Bergen-Enkheim
24.06.1975	
30.08.1975-	Schillergymnasium in Frankfurt/M.
30.06.1978	
04.09.1978-	Brüder-Grimm-Realschule in Frank-
17.05.1981	furt/M. Realschulabschluß
01.10.1981-	Dolmetscherinstitut in Mainz
03.06.1983	(Englisch / Spanisch)
15.09.1983-	Sprachpraktikum in den USA
10.02.1985	
seit	Sekretärin bei Fa. Euro-Mobil -
01.04.1985	Import / Export, Offenbach
14.03.1988	Heirat mit dem Exportkaufmann
	Jochen Maurer
01.09.1990-	Abendschule (Sekretärinnenkurs)
30.06.1991	Abschlußprüfung vor der Industrie-
	und Handelskammer: geprüfte
	Sekretärin
21.03.1991	Scheidung

jetzige Stelle: Sekretärin bei Fa. Euro-Mobil

Datum

der erste April (Welcher Tag?)

am ersten April (Wann?)

seit dem ersten April (Seit wann?)

vom ersten April } (Wie lange?)
bis zum ersten Mai

17. Beschreiben Sie den Lebenslauf von Petra Maurer.

Vom ersten September 1971 bis zum 24. Juni 1975 hat sie...
Am...hat sie den Realschulabschluß gemacht.
Seit dem...
...

18. Petra Maurer beim Personalchef der Firma Böske & Co.

Hören Sie das Gespräch. Was ist richtig?

a) Petra war in den USA
  ☐ bei Freunden.
  ☐ in einem Sprachinstitut.
  ☐ zuerst in einem Institut und dann bei
    Freunden.

b) Petra kann
  ☐ nur sehr schlecht Spanisch.
  ☐ nur Spanisch sprechen, aber nicht
    schreiben.
  ☐ Spanisch sprechen und schreiben.

c) Petra hat nur drei Jahre das
   Gymnasium besucht,
  ☐ weil sie kein Abitur machen wollte.
  ☐ weil sie dort schlechte Noten hatte.
  ☐ weil sie Dolmetscherin werden wollte.

d) Petra ist nach Deutschland zurückgekommen,
  ☐ weil sie kein Geld mehr hatte.
  ☐ weil sie krank war.
  ☐ weil sie nicht länger bleiben wollte.

19. Welche Stelle soll ich nehmen?

Petra Maurer spricht mit einer Freundin. Hören Sie zu und ergänzen Sie die Notizen. Welche Vorteile, welche Nachteile findet sie bei den Angeboten?

	Alko-Dataline Offenbach	Baumhaus KG Hanau	Böske & Co. Darmstadt
+	kann Chefsekretärin werden	...	...
–	...	...	...

Kollegen sehr nett
erst morgens um 9 Uhr anfangen
3.400 DM brutto 35 km zur Arbeit
muß samstags arbeiten
3.100 DM brutto 13. Monatsgehalt
fast 50 km zur Arbeit
Chef sehr unsympathisch
2.500 DM brutto
Chefsekretärin sehr unsympathisch
gute Busverbindung

20. Was finden Sie im Beruf am wichtigsten?

§ 18

Wunschliste für den Beruf

Welches sind die wichtigsten Gründe für die Berufswahl? Das Institut für Arbeitsmarkt- und Berufsforschung hat darüber eine Umfrage gemacht; dabei haben von je 100 befragten Personen angegeben:

Sicherer Arbeitsplatz	76
Guter Verdienst	58
Soziale Sicherheit	50
Interessante Arbeit	40
Gute Kollegen	38
Leichte Arbeit	32
Kurze Fahrt	28
Karriere	23
Selbständige Arbeit	22
Prestige	21
Viel Freizeit	19

Viel Geld, viel Freizeit, eine interessante Arbeit, gute Karrierechancen und nette Kollegen möchte natürlich jeder gerne haben. Aber alles zusammen, das gibt es selten. Wenn Sie wählen müssen, was ist für Sie wichtiger? Ein sicherer Arbeitsplatz oder ein gutes Einkommen? Interessante Arbeit oder viel Freizeit? Nette Kollegen oder eine selbständige Arbeit? Gute Karrierechancen oder eine kurze Fahrt zum Arbeitsort?

Am wichtigsten Sehr/Ziemlich/Nicht so wichtig Wichtig/Unwichtig	finde ich ... einen sicheren Arbeitsplatz. eine interessante Arbeit. eine kurze Fahrt zur Arbeit. ein gutes Einkommen.
Wichtiger/Viel wichtiger als ...	genug/viel Freizeit./nette Kollegen./...

Wenn	ich nicht selbstständig arbeiten kann, die Arbeit.../die Kollegen... das Einkommen.../...	macht mir die Arbeit keinen Spaß. ...

Was nützt mir..., wenn...?

Die Arbeit/Das Einkommen/ Die Kollegen/...	muß/müssen darf/dürfen auf keinen Fall	unbedingt auf jeden Fall	interessant nett/ ...	sein.

Das ist die Hauptsache. Alles andere ist nicht so wichtig.

6

> Habe nun, ach! Philosophie,
> Juristerei und Medizin,
> Und, leider! auch Theologie
> Durchaus studiert mit heißem Bemühn.
> Da steh' ich nun, ich armer Tor!
>
> (Goethe, „Faust")

Und bin so arbeitslos als wie zuvor.

○ Also, Herr Nienhoff – ähm, – Herr Dr. Nienhoff – Sie wollen bei uns Hausbote werden…

□ Ja, das möchte ich sehr gern.

○ Wollten Sie immer schon Hausbote werden?

□ Immer vielleicht nicht, aber… Sie wissen ja, ich habe lange studiert…

○ …Zwanzig Semester!

□ Ja, zwanzig Semester, und…

○ …und zwar Philosophie!

□ Ja, zwanzig Semester Philosophie. Na ja, und dann hab' ich geheiratet, und dann kamen auch bald zwei Kinderchen, wie das so geht im Leben.

○ Ja, ja, aber warum denn jetzt Hausbote – ich meine, Sie haben zehn Jahre studiert, haben sogar promoviert…?

□ Ich weiß, es ist vielleicht ungewöhnlich. Aber ich sehe das heute anders, es war für mich einfach ein notwendiger Umweg.

○ Ein notwendiger Umweg – zum Hausboten?

□ Ja. Ich konnte lange nachdenken, und dann wußte ich, nach zehn Jahren: Es gibt für mich nur einen Beruf – Hausbote.

○ Und woher wußten Sie das – nach zehn Jahren?

□ Weil ich das Nachdenken leid war und weil mir eines plötzlich sehr klar wurde: Wichtiger als das Nachdenken ist die Bewegung. Ich muß jetzt endlich mal meine Beine bewegen.

○ Ich verstehe … Herr Nienhoff – ähm, Herr Dr. Nienhoff. Leider ist die Hausbotenstelle inzwischen besetzt. Doch heute wurde eine andere Stelle frei, in unserer Telefon-zentrale …

das Quiz

Lektion 13

die Nachrichten

der Spielfilm

die Kindersendung

das Theaterstück

der Krimi

die Straßenkünstlerin

KINO

KONZERT

Ballett

THEATER

Dienstag, 23. Mai

ARD

9.00 Gemeinsames Vormittagsprogramm von ARD und ZDF
– siehe ZDF –
13.45 Wirtschaftstelegramm
14.00 Tagesschau
14.03 Pia und Mia
Kinderfilm
15.00 Tagesschau
15.03 Spaß am Dienstag
Zeichentrickfilme
15.30 Das gibt es doch nicht!
Magazin. Bilder, Menschen und Geschichten

Unter anderem wird in dieser Folge gezeigt, wie der Indianerhäuptling Mato-Topo zu seinem Denkmal auf diesem Denkmal gekommen ist ...
16.00 Tagesschau
16.03 Die Trickfilmschau
16.45 ARD-Ratgeber
17.15 Tagesschau
17.25 Regionalprogramme mit Werbung
20.00 Tagesschau
20.15 Abenteuer Mount Everest
Bergsteiger auf dem höchsten Berg der Welt
21.00 Panorama
Politisches Magazin
21.45 Dallas
Hochzeit auf Southfork
22.30 Tagesthemen
23.00 Tatort
Zahn um Zahn.
Mit Götz George als Kommissar Schimanski
0.35 Tagesschau

ZDF

9.00 Tagesschau
9.03 Denver. Alexis kommt zurück. (Wiederholung)
9.45 Medizin nach Noten
10.00 Tagesschau
10.03 Gesundheitsmagazin Praxis
(Wiederholung von Donnerstag)
10.45 100 Meisterwerke
Paul Gauguin:Tag des Gottes
11.00 Tagesschau
11.03 Columbo
Wer zuletzt lacht ...
12.55 Presseschau
13.00 Tagesschau
13.05 Mittagsmagazin
13.45 Ein Fall für TKKG
Ein Revolver in der Suppe.
Kinder-Krimiserie
14.30 Europäische Universitäten
7. Teil: Heidelberg
15.00 Zirkusnummern.
Spaß mit Tieren
16.15 Wicki und die starken Männer
Zeichentrickserie
17.00 Heute – Aus den Bundesländern
17.15 Teleillustrierte
17.45 ALF
Eine Katze zum Frühstück
19.00 Heute
19.30 Gangster und Ganoven
Reportage über das Bahnhofsviertel in Frankfurt
20.15 Der Würger von Schloß Blackmoore
Krimi von 1963
21.45 Heute-Journal
22.10 Deutschland-Magazin Berlin – die schwierige Hauptstadt
22.55 Miranda
Talkshow mit Peter Lindner
23.55 ZDF Sport extra
Fußball Europapokal
0.45 Heute – letzte Nachrichten

RTL

6.00 Hallo Europa – Guten Morgen Deutschland. Nachrichtenmagazin
9.20 Liebe in Wien
Filmkomödie von 1953
11.00 Unterhaltung und Serien Riskant!
Spielshow.
11.30 Showladen.
Einkaufsmagazin.
12.00 Der Preis ist heiß.
Gewinnshow.
12.35 Polizeibericht.
US-Krimiserie.
13.00 RTL aktuell.
13.10 Der Hammer.
US-Krimiserie.
13.35 California Clan.
US-Serie.
14.25 Die Springfield-Story. US-Serie.
15.10 Die wilde Rose.
Mexikanische Kurzfilme.
15.52 RTL aktuell
Nachrichten / Wetter
15.55 Mini-Playback-Show Kinder imitieren Popstars
16.45 Riskant! Spielshow
17.10 Der Preis ist heiß.
Gewinnshow
17.45 Sterntaler. Filmquiz
17.55 RTL aktuell
18.00 Der Sechs-Millionen-Dollar-Mann
US-Actionserie
18.45 RTL aktuell
Nachrichten / Sport / Wetter
19.10 Knight Rider
US-Actionserie
20.15 Die unglaubliche Reise in einem verrückten Flugzeug
Filmkomödie
21.50 Explosiv
Magazin mit Olaf Kracht
22.45 L.A. Law
US-Anwaltsserie
23.40 RTL aktuell
23.50 Es geschah am hellichten Tag
Schweizer Kriminalfilm
1.50 Aerobics

3 SAT

14.30 Johann Sebastian Bach Es singen und spielen der Bachchor und das Bachorchester Mainz.
15.20 Joseph Haydn
Konzert mit Chor und Orchester der Academy of St. Martin-in-the-Fields
17.15 Programmvorschau
17.20 Mini-ZiB. Für Kinder
17.30 Siebenstein.
Kindersendung
17.55 Hallo Rolf!
Mit Tierarzt Rolf Spangenberg
18.00 Bilder aus Österreich
Leben, Landschaft und Kultur
19.00 Heute / 3SAT-Studio
19.30 SOKO 5113.
Krimiserie
20.20 Ausland
Reportagen
20.50 Geheimagenten in der Schweiz
Dokumentarfilm
21.45 Kulturjournal. Tips
21.51 Sport-Zeit

Motorrad-WM 500ccm

Leichtathletik-Meeting in Karlsruhe
22.00 Zeit im Bild
Nachrichten
22.25 Club 2
Talkshow aus Österreich

1. Welche Sendungen gehören zu den Bildern?

Bild	A	B	C	D	E	F
Sendung Uhrzeit Programm						

A

B

C

D

E

F

2. Ordnen Sie die Sendungen aus den Fernsehprogrammen.

Nachrichten / Politik	Unterhaltung	Kultur / Bildung	Sport	Kinder-sendung	Kriminalfilm / Spielfilm

3. Welche Serien gibt es auch in Ihrem Land?

4. Stellen Sie Ihr Wunsch-Programm für einen Tag zusammen (Gruppenarbeit).

Vergleichen Sie das Ergebnis mit den anderen Gruppen.

5. Finden Sie zu jedem Textanfang die passende Fortsetzung.

A	B	C	D	E

ALF. Eine Katze zum Frühstück. Amerikanische Familienserie.

Die Tanners haben ihre Katze verloren. Ein Auto hat sie überfahren. Alle sind sehr unglück-

lich. Nur Alf nicht, er möchte die tote Katze am liebsten essen. [A]

Dann kommt seine Tochter Claire zu Besuch. Eine Mordserie beginnt. Alle Bewohner leben in großer Angst. Auch Claire ist in höchster Gefahr. [1]

Der Würger von Schloß Blackmoore. Deutscher Spielfilm von 1963

Lucius Clark wohnt in dem dunklen alten Schloß Blackmoore

Castle. Vor vielen Jahren hat er einen reichen Freund ermordet, weil er seine Diamanten haben

wollte. Die Steine hat Lucius Clark im Schloß versteckt. [B]

Aber Kommissar Schimanski glaubt nicht an eine Familientragödie. Er sucht den wirklichen Mörder. Auch die junge Reporterin Uli braucht Material für eine heiße Story. Bald geraten beide in Lebensgefahr. [2]

Es geschah am hellichten Tag. Schweiz 1958. Kriminalfilm-Klassiker nach Friedrich Dürrenmatt.

Ein Landstreicher findet im Wald die Leiche eines kleinen Mädchens. Es ist die neunjährige

Gritli Moser. Sie ist schon das dritte Opfer in einer Serie von Kindesmorden. [C]

Einer der Passagiere, Ted Striker, ist ein ehemaliger Vietnam-Pilot. Er ist ein verrückter Typ, und natürlich hat er noch nie einen Jumbo gesteuert. Von einer Bodenstation bekommt er Anweisungen über Sprechfunk. [3]

Die unglaubliche Reise in einem verrückten Flugzeug. Filmparodie. USA 1980

Ein Flugzeug ist auf dem Weg von Los Angeles nach Chicago. Die Stewardess serviert ein

Fischgericht. Nach kurzer Zeit sind der Pilot, die Crew und fast alle Passagiere krank. Wer soll jetzt das Flugzeug fliegen? [D]

Aber damit ist die Familie natürlich nicht einverstanden. Ein paar Tage später sind sieben Katzenbabys im Haus – „jemand" hat sie per Telefon bestellt. Bekommt er wenigstens eins zum Frühstück? [4]

Tatort. Zahn um Zahn. BRD 1987.

In einer Wohnung liegen vier Tote: ein Ehepaar und seine bei-

den Kinder. Der Vater hat noch eine Pistole in der Hand. Scheinbar ist der Fall klar: Er hat zuerst seine Familie und dann sich selbst erschossen. [E]

Kommissar Matthäi will den Mörder endlich fangen. Er hat einen riskanten Plan: Die kleine Annemarie – auch neun Jahre alt – soll den Mörder in eine Falle locken. [5]

Leserbriefe

Miranda, ZDF, 23. Mai, 22.55 Uhr.
Peter Lindner diskutiert mit seinen Gästen über das Thema
„Keine Zukunft für das Auto?"

Wenn ich abends nach Hause komme, freue ich mich auf das Fernsehprogramm. Dann möchte ich gute Unterhaltung sehen und keine billigen Talkshows.
Kurt Förster, Iserlohn

Herzlichen Glückwunsch! Endlich eine interessante Talkshow. Besonders freue ich mich über die späte Sendezeit, weil ich abends immer lange arbeiten muß.
Clemens Buchner, Hainburg

Der Moderator ist schlecht, die Sendung ist langweilig, die Themen sind uninteressant. Ich ärgere mich über jede Sendung.
Beate Kanter, Stralsund

Ich interessiere mich sehr für Talkshows, aber nicht nachts um 11.00 Uhr. Ist „Miranda" eine Sendung für Arbeitslose und Studenten?
Hubert Hessler, Bad Salza

In dieser Sendung fehlt der Pfeffer. Über den langweiligen

Moderator kann ich mich wirklich aufregen.
Rainer Kock, Nürnberg

Miranda gefällt uns sehr gut. Wir freuen uns auf die nächste Sendung.
Uwe und Ute Kern, Oberhof

Die meisten Talkshows sind langweilig, aber Miranda finde ich gut. Besonders interessieren mich die politischen Themen.
Karin Langer, Aachen

---

6. Wofür interessiert sich ...? Fragen und antworten Sie.

○ | Wofür | interessiert | sich | Kurt Förster?
| Worüber | ärgert | | ...
| Worauf | freut/freuen |

regt sich Rainer Kock auf?

□ Er | interessiert | sich | über | die späte Sendezeit.
... | ärgert | | für | die politischen Themen.
| freut/freuen | | auf | ...

Er regt sich | | | | den langweiligen Moderator auf.

Reflexive Verben

ich	interessiere	mich	für
du	interessierst	dich	
er			
sie	interessiert	sich	
wir	interessieren	uns	
ihr	interessiert	euch	
sie	interessieren	sich	

§ 25, 26
§ 68

---

7. Üben Sie.

○ Interessierst | du dich | für Krimis?
Interessiert | ihr euch | ...
Interessieren | Sie sich |

□ Nein, dafür | interessiere ich mich | nicht.
| ... wir ... |

○ Wofür | interessierst du dich | denn?
| ... ihr ... |
| ... Sie ... |

□ Vor allem für | Sportsendungen.
| ...

Wofür interessieren sich die Deutschen im Fernsehen?

Alle Angaben in Prozent	Männer	Frauen
Tierfilme	47,1	47,9
Kinofilme	36,1	44,3
Komödien	38,2	41,6
Show-, Quizsendungen	30,0	34,1
Krimis, Western	41,6	23,6
Regionalsendungen	35,6	28,1
Ratgebersendungen	29,4	33,7
Problemfilme	26,3	33,9
Musiksendungen	25,8	32,3
Wissenschaft, Technik	41,7	13,3
Sportsendungen	41,4	5,8
Kunst, Literatur	14,5	23,7
Politik, Wirtschaft	22,2	11,1
Jugend-, Kindersendungen	9,9	13,9
Religion	7,4	9,0

Radio FFT

20.00 Nachrichten, Wetter
20.05 Beliebte Lieder
21.00 Nachrichten, Wetter
21.05 Was ist Ihr Problem?
Frau Dr. Semmler gibt Rat
in Lebensfragen.

8. Was ist Ihr Problem?

a) Drei Personen rufen Frau Dr. Semmler an. Sie haben ein persönliches Problem und bekommen Ratschläge. Lesen Sie zuerst einige Sätze aus den Gesprächen.

Anrufer

☐ Ich würde gern mit meinem Freund in Frankreich Urlaub machen.
☐ Er glaubt, ich würde es kaputtfahren.
☐ Meine Eltern sind unglücklich, weil ich nicht mit ihnen nach Österreich fahren will.
☐ Die Katzen schlafen sogar nachts in ihrem Bett.
☐ Ich würde gerne mit dem Auto einkaufen fahren.
☐ Ich liebe meine Freundin und würde sie gerne heiraten.
☐ Ich habe meine Eltern sehr gern, aber sie lassen mir keine Freiheit.
☐ Mein Mann gibt mir das Auto nicht, obwohl es meistens in der Garage steht.

Frau Dr. Semmler

☐ Ich würde einmal in Ruhe mit ihm sprechen.
☐ Ich würde einen Brief schreiben und ihn auf den Küchentisch legen.
☐ Sicher finden Sie bald ein nettes Mädchen ohne Katzen.
☐ Machen Sie Ihren Mann zu Ihrem Fahrlehrer.
☐ Ihre Eltern können Ihnen nichts verbieten, weil Sie erwachsen sind.
☐ Sie müssen sich Ihre Freiheit nehmen.
☐ Ich glaube, Sie können mit Ihrer Freundin nicht glücklich werden.
☐ Bitten Sie ihn um Hilfe.

b) Hören Sie die drei Gespräche mit Frau Dr. Semmler. Welche Sätze passen zu Gespräch 1 (Hilde Baumgart), welche zu Gespräch 2 (Karin Gärtner) und welche zu Gespräch 3 (Udo Seyfert)? Schreiben Sie die Nummer des Gesprächs in die Kästen vor den Sätzen.

Konjunktiv mit „würde"

(wirklich)
Was tun Sie?
Ich leihe mir ein Auto.

(nicht wirklich, nur gedacht)
Was <u>würden</u> Sie <u>tun</u>?
Ich <u>würde</u> mir ein Auto <u>leihen</u>.

9. Was würden Sie den Personen raten?

Suchen Sie für jede Person drei Ratschläge. Welche Ratschläge würden Sie außerdem geben?

§ 43

mir selbst ein Auto kaufen – einen Hund kaufen – den Freund und seine Eltern nach Hause einladen – mir ein Auto leihen – einen Kompromiß suchen – mit meinem Mann über das Problem sprechen – die Freundin zum Psychiater schicken – meinen Mann nicht um Erlaubnis fragen – eine eigene Wohnung suchen – zusammen mit den Eltern nach Frankreich fahren

10. Lesen Sie zuerst die Liedtexte und hören Sie dann die Kassette.

Wer hat die schönsten Schäfchen?
Die hat der goldne Mond,
der hinter unsern Bäumen
am Himmel droben wohnt.

Ich weiß nicht, was soll es bedeuten,
Daß ich so traurig bin;
Ein Märchen aus alten Zeiten,
Das kommt mir nicht aus dem Sinn.
Die Luft ist kühl und es dunkelt,
Und ruhig fließt der Rhein;
Der Gipfel des Berges funkelt
Im Abendsonnenschein.

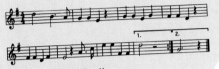

Wenn die Elisabeth
nicht so schöne Beine hätt',
hätt' sie viel mehr Freud
an dem neuen langen Kleid.

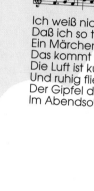

Mein Hut, der hat drei Ecken,
drei Ecken hat mein Hut.
Und hätt' er nicht drei Ecken,
dann wär' es nicht mein Hut.

Wenn sich die Igel küssen,
dann müssen, müssen, müssen
sie ganz, ganz fein
behutsam sein.

Heut' kommt der Hans zu mir, freut sich die Lies.
Ob er aber über Oberammergau oder aber über Unterammergau
oder aber überhaupt nicht kommt, ist nicht gewiß.

	Indikativ	Konjunktiv
ich	bin	wäre
er/sie/es	ist	wäre
ich	habe	hätte
er/sie/es	hat	hätte

hätt' = hätte, wär' = wäre

§ 43

11. Welches Lied gefällt Ihnen am besten? Welches nicht so gut?

12. Schreiben Sie einen neuen Text zum Lied „Mein Hut, der hat drei Ecken".

Mein Schrank, der hat vier Türen,   *oder*   Mein Brief, der hat sechs Seiten,
vier Türen hat mein Schrank.   sechs Seiten…
Und hätt' er nicht…   Und hätt' er…
dann wär' es…

Fuß – Zehen   Haus – Zimmer
Kind – Zähne   …

13. Wennachwenn dannjadann

Wenn, ach wenn… Wenn, ach wenn…
Wenn du mit mir gehen würdest,
wenn du mich verstehen würdest…
Dann, ja dann… Dann, ja dann…
Ja, dann würde ich immer bei dir sein,
dann wärest du nie mehr allein.
Ja, wenn…

Machen Sie neue Texte für das Lied!
Benutzen Sie auch das Wörterverzeichnis S. 227–239.

Wenn	ich	laufen	würde		Ja, dann	würde	ich	…	bleiben
	du	kaufen	würdest			hätte	…		schreiben
	…	sagen				wäre			verlieben
		fragen							üben
		studieren							Zeit
		verlieren							weit
									geblieben
									geschrieben

Wenn – dann…
Wenn du mit mir gehen würdest,
dann wärest du nicht mehr allein.

14. Sing doch mit!

Die Gedanken sind frei, wer kann sie erraten?
Sie fliegen vorbei wie nächtliche Schatten.
Kein Mensch kann sie wissen,
kein Jäger erschießen.
Es bleibet dabei, die Gedanken sind frei.

a) Hören Sie den Dialog.

b) Was ist richtig?

1. Welche Lieder mag Max nicht?

    ☐ politische Lieder
    ☐ Trinklieder
    ☐ Popmusik

2. Heinz findet die Trinklieder gut, weil

    ☐ sie schon sehr alt sind.
    ☐ die Texte gut sind.
    ☐ sie Spaß machen.

3. Max mag nicht singen, weil

    ☐ er nicht singen kann.
    ☐ er die Texte nicht versteht.
    ☐ er die Texte dumm findet.

Es gibt immer mehr Straßenkünstler: Musikanten, Maler und Schauspieler. Sie ziehen von Stadt zu Stadt, machen Musik, spielen Theater und malen auf den Asphalt. Die meisten sind Männer, aber es gibt auch einige Frauen. Eine von ihnen ist die 20jährige Straßenpantomimin Gabriela Riedel.

Ich hol' die Leute aus dem Alltagstrott

Das Wetter ist feucht und kalt. Auf dem Rathausmarkt in Hamburg interessieren sich nur wenige Leute für Gabriela. Sie wartet nicht auf Zuschauer, sondern packt sofort ihre Sachen aus und beginnt ihre Vorstellung: Sie zieht mit ihren Fingern einen imaginären Brief aus einem Umschlag. Den Umschlag tut sie in einen Papierkorb. Der ist wirklich da. Sie liest den Brief, vielleicht eine Minute, dann fällt er auf den Boden, und Gabriela fängt an zu weinen. Den Leuten gefällt das Pantomimenspiel. Nur ein älterer Herr mit Bart regt sich auf. „Das ist doch Unsinn! So etwas müßte man verbieten." Früher hat Gabriela sich über solche Leute geärgert, heute kann sie darüber lachen. Sie meint: „Die meisten Leute freuen sich über mein Spiel und sind zufrieden." Nach der Vorstellung sammelt sie mit ihrem Hut Geld: 8 Mark und 36 Pfennige hat sie verdient, nicht schlecht. „Wenn ich regelmäßig spiele und das Wetter gut ist, geht es mir ganz gut." Ihre Kollegen machen Asphaltkunst gewöhnlich nur in ihrer Freizeit. Für Gabriela ist Straßenpantomimin ein richtiger Beruf.
Gabrielas Asphaltkarriere hat mit Helmut angefangen. Sie war 19, er 25 und Straßenmusikant. Ihr hat besonders das freie Leben von Helmut gefallen, und sie ist mit ihm von Stadt zu Stadt gezogen. Zuerst hat Gabriela für Helmut nur Geld gesammelt. Dann hat sie auch auf der Straße getanzt. Nach einem Krach mit Helmut hat sie dann in einem Schnellkurs Pantomimin gelernt und ist vor sechs Monaten Straßenkünstlerin geworden. Die günstigsten Plätze sind Fußgängerzonen, Ladenpassagen und Einkaufszentren. „Hier denken die Leute nur an den Einkauf, aber bestimmt nicht an mich. Ich hol' sie ein bißchen aus dem Alltagstrott", erzählt sie. Das kann Gabriela wirklich: Viele bleiben stehen, ruhen sich aus, vergessen den Alltag.
Leider ist Straßentheater auf einigen Plätzen schon verboten, denn die Geschäftsleute beschweren sich über die Straßenkünstler. Oft verbieten die Städte dann die Straßenkunst.
„Auch wenn die meisten Leute uns mögen, denken viele doch an Vagabunden und Nichtstuer. Sie interessieren sich für mein Spiel und wollen manchmal auch mit mir darüber sprechen, aber selten möchte jemand mich kennenlernen oder mehr über mich wissen."
Gabrielas Leben ist sehr unruhig. Das weiß sie auch: „Manchmal habe ich richtig Angst, den Boden unter den Füßen zu verlieren", erzählt sie uns. Trotzdem findet sie diesen Beruf phantastisch; sie möchte keinen anderen.

15. Fragen zum Text.

a) Was machen Straßenkünstler?
b) Kann ein Straßenkünstler viel Geld verdienen?
c) Was glauben Sie, warum liebt Gabriela ihren Beruf?
d) Wie hat Gabriela ihren Beruf angefangen?
e) Es gibt nur wenige Straßenkünstlerinnen. Warum? Was glauben Sie?

16. Machen Sie mit diesen Sätzen einen Text.

Beginnen Sie mit ☑.

- ☐ Aber Gabriela ärgert sich nicht mehr.
- ☐ Deshalb kann sie jetzt ihr Geld allein verdienen.
- ☐ Gabriela hat dann einen Pantomimenkurs gemacht.
- ☑ Gabriela ist Straßenpantomimin.
- ☐ Das macht sie aber nicht – wie andere Straßenkünstler – in ihrer Freizeit.

- ☐ Sie lebt vom Straßentheater.
- ☐ Sie weiß, die meisten Leute freuen sich über ihr Spiel.
- ☐ Manche Leute regen sich über Straßenkünstler auf.
- ☐ Zuerst hat sie mit einem Freund gearbeitet.
- ☐ Aber dann hatten sie Streit.

Die Käsetheke
Inh. Gerd Kornfeld
54290 Trier

Trier, den 16.10.92

An das
Rathaus der Stadt Trier
Amt für öffentliche Ordnung
Am Augustinerhof
54290 Trier

Sehr geehrte Damen und Herren,

vor meinem Käse-Spezialitäten-Geschäft in der Fußgängerzone machen fast jeden Tag junge Leute Musik. Ich habe nichts gegen Musik, aber manchmal kann ich meine Kunden kaum verstehen, weil die Musik so laut ist. Jetzt im Sommer ist es besonders schlimm. Meine Frau und ich müssen uns von morgens bis abends die gleichen Lieder anhören.
Früher habe ich oft die Eingangstür meines Geschäfts offengelassen, aber das ist jetzt gar nicht mehr möglich. Man versteht oft sein eigenes Wort nicht mehr. Außerdem stellen die Musiker sich genau vor den Eingang meines Ladens. Auch unsere Kunden beschweren sich darüber. Ich habe nichts gegen die jungen Leute - sie wollen sich mit der Musik ein bißchen Geld verdienen; das verstehe ich. Aber muß es ausgerechnet vor meinem Laden sein? Was würden Sie machen, wenn Sie hundertmal das gleiche Lied hören müßten? Haben wir Geschäftsleute denn keine Rechte?
Seit einigen Monaten kommen sogar Musikgruppen mit elektronischen Verstärkern und Lautsprechern. Man kann es nicht mehr aushalten!
Ich habe schon oft mit den "Straßenkünstlern" vor meiner Ladentür geredet, aber es nützt nichts. Erst heute hat einer zu mir gesagt: "Was wollen Sie denn? Haben Sie die Straße gekauft?"
Kann die Stadt nicht endlich etwas gegen diesen Musikterror tun?
Ich habe über dieses Problem auch schon mit vielen anderen Geschäftsleuten in der Fußgängerzone gesprochen. Sie sind alle meiner Meinung: Die Stadt muß etwas tun!
Ich bitte Sie deshalb dringend:
Verbieten Sie die Straßenmusik in der Fußgängerzone!

Mit freundlichen Grüßen

G. Kornfeld

17. Immer Ärger mit den Straßenmusikanten?

Eine Reporterin fragt Passanten in der Fußgängerzone von Trier.

Also, ich ärgere mich immer über die Straßenmusikanten. Warum tut man nichts gegen diese laute Musik? Ich finde, man sollte das ganz verbieten. Die Straße ist doch kein Konzertsaal.

Mich stören die Straßenmusikanten eigentlich nur am Wochenende. Freitags und samstags ist es sowieso immer viel zu voll in der Fußgängerzone.

Genau. Wenn ich ein Geschäft hätte, würde ich mich auch über die Musiker beschweren. Oft spielen sie direkt vor den Eingängen und stören den Geschäftsverkehr. Die könnten doch auch woanders spielen.

Ich bin eigentlich für Straßenmusik. Es wäre traurig, wenn die Leute nur zum Arbeiten oder zum Einkaufen in die Stadt kommen würden. Aber ich kann die Geschäftsleute auch verstehen.

Straßenmusik? Darüber rege ich mich nicht auf. Die Musik in den Kaufhäusern ist doch genauso laut. Die müßte man dann auch verbieten. Meinen Sie nicht?

Was heißt hier überhaupt Straßenmusikanten? Die meisten können gar nicht richtig Musik machen. Wenn die Qualität besser wäre, hätte ich nichts gegen die Straßenmusik.

18. Wie finden Sie Straßenmusik? Diskutieren Sie.

| Wenn | es keine Straßenmusik geben
man die Straßenmusik verbieten
Ohne Straßenmusik/Straßenmusikanten | würde, dann | wäre/hätte/würde… |

| Wenn | die Musik
die Musikanten | besser
leiser | wäre,
wären, | wäre/hätte/würde … |

| Wenn ich | ein Geschäft hätte,
Straßenmusikant wäre,
Als Geschäftsmann/Straßenmusikant | dann | wäre
hätte
würde | ich… | Man | sollte
müßte
könnte | … |

5

Der Nichtmacher

○ Was würden Sie eigentlich machen, wenn Sie…?

□ Also wenn ich…, dann würde ich…!

○ Interessant! Sie würden tatsächlich…?

□ Da bin ich sicher. Wenn ich…, dann würde ich sofort…!

○ Also, da wäre ich nicht so sicher.

□ Ach nein? Was würden Sie denn machen, wenn Sie…?

○ Ehrlich gesagt – ich weiß es nicht.

□ Wirklich nicht?

○ Wahrscheinlich würde ich gar nichts machen. Wissen Sie – ich weiß
nämlich immer ziemlich genau, was ich *nicht* machen würde.

□ Also, wenn *ich* genau wissen würde, was ich *nicht* machen würde,
dann hätte ich bestimmt ziemlich große Angst.

○ Angst? Wovor denn?

□ Vor der Zukunft.

○ Wirklich? Woher wissen Sie das?

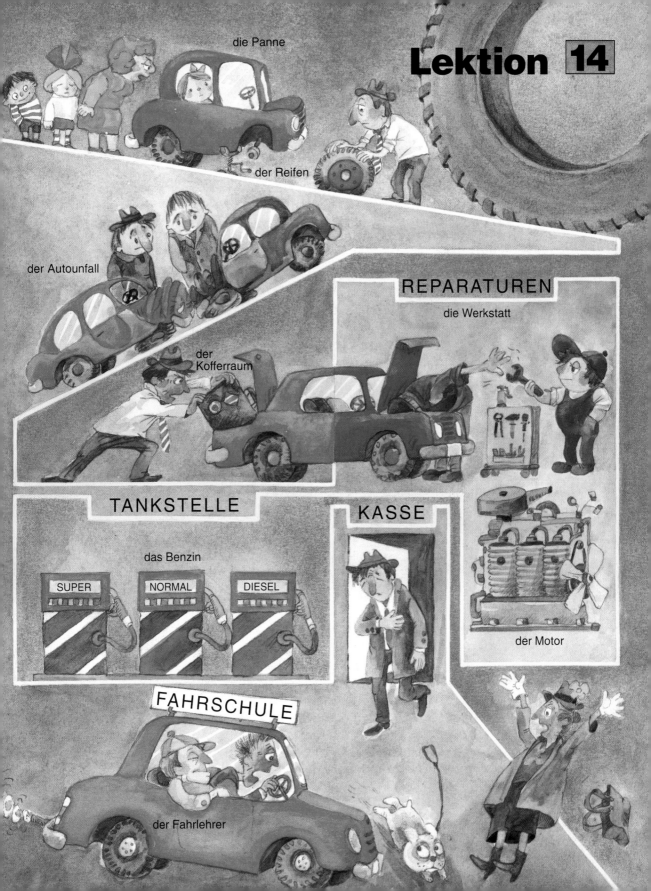

die Panne

Lektion 14

der Reifen

der Autounfall

der Kofferraum

REPARATUREN

die Werkstatt

TANKSTELLE

das Benzin

SUPER NORMAL DIESEL

KASSE

der Motor

FAHRSCHULE

der Fahrlehrer

Kleinwagen sind immer beliebter. Wir haben vier Modelle getestet: den neuen Fiat Uno und drei seiner stärksten Konkurrenten.

Die Minis

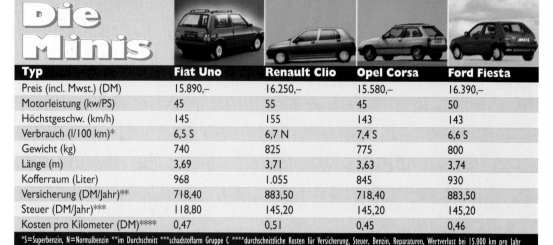

Typ	Fiat Uno	Renault Clio	Opel Corsa	Ford Fiesta
Preis (incl. Mwst.) (DM)	15.890,–	16.250,–	15.580,–	16.390,–
Motorleistung (kw/PS)	45	55	45	50
Höchstgeschw. (km/h)	145	155	143	143
Verbrauch (l/100 km)*	6,5 S	6,7 N	7,4 S	6,6 S
Gewicht (kg)	740	825	775	800
Länge (m)	3,69	3,71	3,63	3,74
Kofferraum (Liter)	968	1.055	845	930
Versicherung (DM/Jahr)**	718,40	883,50	718,40	883,50
Steuer (DM/Jahr)***	118,80	145,20	145,20	145,20
Kosten pro Kilometer (DM)****	0,47	0,51	0,45	0,46

*S=Superbenzin, N=Normalbenzin **im Durchschnitt ***schadstoffarm Gruppe C ****durchschnittliche Kosten für Versicherung, Steuer, Benzin, Reparaturen, Wertverlust bei 15.000 km pro Jahr

1. Hören Sie die Dialoge A und B. Über welche Autos sprechen die Leute?

Dialog A: _____ Dialog B: _____

2. Welches Auto hat …? Welches ist am …?

Der Ford Fiesta ist am längsten.
Der Opel Corsa hat die niedrigsten Kosten pro Kilometer.
Der Opel Corsa hat den höchsten Benzinverbrauch.
Der Renault Clio hat die höchste Geschwindigkeit.
Der Fiat Uno hat … / ist …
Der …

Superlativ
ist am höchsten
hat den höchsten Verbrauch
die höchste Geschwindigkeit
das höchste Gewicht
die höchsten Kosten

langsam niedrig leicht klein hoch preiswert viel
groß schwach billig stark teuer wenig schnell

§ 17,18, 19

Komparativ
ist schwächer
hat einen schwächeren Motor als
eine höhere Leistung als
ein niedrigeres Gewicht als
– niedrigere Kosten als

3. Vergleichen Sie die Vor- und Nachteile der Autos.

Der Corsa ist langsamer als der Clio.
Der Uno hat einen größeren Kofferraum als …
Der Clio hat einen höheren … als …

Der Uno hat genauso viele PS wie der …
Der … genauso … wie …

4. Hören Sie den Dialog. Was sagt Simone über ihren Wagen?

☐ Er verbraucht mehr Benzin, als im Prospekt steht.
☐ Er hat mehr Platz, als man denkt.
☐ Er ist nicht so bequem, wie man denkt.
☐ Er ist schneller, als der Verkäufer gesagt hat.
☐ Er ist genauso schnell, wie es im Prospekt steht.
☐ Er verbraucht weniger Benzin, als der Verkäufer gesagt hat.
☐ Er hat weniger Platz, als sie geglaubt hat.

5. Ärger mit dem Auto. Was ist hier kaputt? Was fehlt?

Motor   Spiegel   Öl   Bremse   Fahrlicht   Reifen   Bremslicht   Benzin

Der/Die/Das … ist kaputt / funktioniert nicht. Es fehlt …

6. Was ist passiert?

a) Hören Sie die drei Texte.

b) Welche Sätze sind richtig?

Dialog A:
☐ Ein Auto hat eine Panne.
☐ Hier ist ein Unfall passiert.
☐ Der Unfallwagen kommt.
☐ Der Mechaniker kommt.

Dialog B:
☐ Karl braucht Benzin.
☐ Karl braucht Öl.
☐ Karl muß zur Tankstelle gehen.

Dialog C:
☐ Das Fahrlicht funktioniert nicht.
☐ Die Bremsen funktionieren nicht.
☐ Der Scheibenwischer funktioniert nicht.
☐ Das Bremslicht funktioniert nicht.

7. Hören Sie den Dialog.

a) Hören Sie den Dialog 1 und ordnen Sie die Sätze.

Morgen erst? Ich brauche ihn aber unbedingt noch heute.   Natürlich, kein Problem.

Morgen mittag.   Ich kann es Ihnen nicht versprechen. Wir versuchen es.

Der Motor verliert Öl, und die Bremsen ziehen nach links.   Vielen Dank!

Sonst noch etwas?   Mein Name ist Wegener. Ich habe für heute einen Termin.

Nein. Wann kann ich den Wagen abholen? Richtig, Herr Wegener. Was ist denn kaputt?

Na gut. Können Sie mich anrufen, wenn der Wagen fertig ist?

---

b) Hören Sie die Dialoge 2 und 3. Welcher Satz paßt zu welchem Dialog?

	Dialog 2	Dialog 3
Die Werkstatt soll die Reifen wechseln.	☐	☐
Die Fahrertür klemmt.	☐	☐
Das Fahrlicht vorne links ist kaputt.	☐	☐
Der Benzinverbrauch ist zu hoch.	☐	☐
Der Wagen ist am Freitag fertig.	☐	☐
Der Motor läuft nicht richtig.	☐	☐
Die Werkstatt soll die Bremsen prüfen.	☐	☐
Der Wagen ist am Donnerstag fertig.	☐	☐

c) Schreiben Sie ähnliche Dialoge und spielen Sie sie.

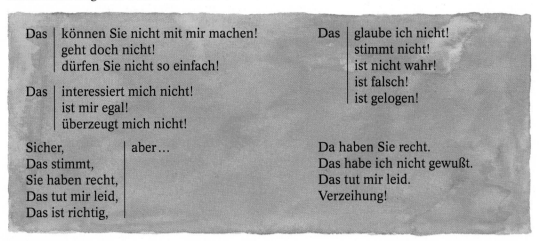

Herr Wegener holt sein Auto ab. Die Werkstatt sollte nur die Bremsen reparieren, aber nicht die Handbremse. Herr Wegener ärgert sich darüber, denn diese Reparatur hat 51 Mark 40 extra gekostet. Er beschwert sich deshalb.

○ Sie sollten doch nur die Bremsen reparieren, aber nicht die Handbremse. Das können Sie doch nicht machen.

□ Aber die Handbremse hat nicht funktioniert. Das ist doch gefährlich.

○ Ich brauche die Handbremse nie.

□ ...

8. Schreiben Sie den Dialog weiter und spielen Sie ihn dann.

9. Schreiben Sie ähnliche Dialoge und spielen Sie sie.

a) Sie wollten für Ihr Auto zwei neue Reifen, aber die Werkstatt hat vier montiert.
b) Sie wollten nur für 20 Mark tanken, aber der Tankwart hat den Tank vollgemacht.

Sie können folgende Sätze verwenden:

Das	können Sie nicht mit mir machen! geht doch nicht! dürfen Sie nicht so einfach!	Das	glaube ich nicht! stimmt nicht! ist nicht wahr! ist falsch! ist gelogen!
Das	interessiert mich nicht! ist mir egal! überzeugt mich nicht!		

Sicher, Das stimmt, Sie haben recht, Das tut mir leid, Das ist richtig,	aber...	Da haben Sie recht. Das habe ich nicht gewußt. Das tut mir leid. Verzeihung!

3

Vom Blech zum Auto
Autoproduktion bei Volkswagen in Wolfsburg

Sehr früh morgens werden Montageteile und Material mit Zügen und Lastwagen nach Wolfsburg gebracht. Das Blech für die Autokarosserien kommt mit der Bahn.

Jetzt werden die Karosserien lackiert. Jede Karosserie wird mehrere Male gespritzt. So wird sie gegen Rost geschützt.

Zuerst wird das Blech automatisch geschnitten, dann werden daraus die Karosserieteile gepreßt: Dächer, Böden, Seitenteile usw.

Dann wird das Auto fertig montiert: Motor, Räder, Sitze usw. Die Autos werden noch einmal geprüft…

Danach werden die Blechteile zusammengeschweißt. Schwere Arbeit wird von Robotern gemacht.

…und dann – von einem eigenen Bahnhof aus – zu den Käufern geschickt.

10. Schreiben Sie einen kleinen Text.

a) Setzen Sie die Sätze richtig zusammen.

§ 42

Das fertige Auto	wird	von Robotern	geschweißt.
Das Karosserieblech		noch einmal	geprüft.
Motor, Räder und Sitze		gegen Rost	gebracht.
Die Karosserien	werden	mit Zügen und Lastwagen	montiert.
Die fertigen Blechteile		automatisch	geschützt.
Das Material		von Arbeitern	geschnitten.

b) Bringen Sie die Sätze in die richtige Reihenfolge.
   Machen Sie dann einen kleinen Text daraus.
   Beginnen Sie die Sätze mit *sehr früh morgens, zuerst, dann, danach, später, zuletzt:*

Roboter schweißen die Bleche.
(Aktiv)

Die Bleche <u>werden</u> von Robotern <u>geschweißt</u>.
(Passiv)

Sehr früh morgens wird…   Zuerst wird…
Dann werden…

11. Ergänzen Sie die Sätze.

Opel in Rüsselsheim. In der Karosserieab-
teilung werden die Bleche geformt.

*Hier arbeitet eine komplizierte Maschine.
Sie formt die Bleche.*

Hier werden die Karosserieteile geschweißt.
Diese Arbeit wird von Robotern gemacht.

Das sind Roboter. Sie...

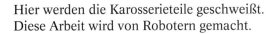

In der Montageabteilung werden Motor,
Reifen, Lampen und Bremslichter montiert.

Hier arbeitet Stefanie Jäger. Sie...

Zum Schluß wird das ganze Auto geprüft.

*Bernd Ebers arbeitet schon seit 12 Jahren
bei Opel. Er...*

Ein Autohaus in Schwerin. Hier wird
gerade ein Auto verkauft.

*Christian Krüger ist Verkäufer bei Opel.
Er...*

4

12. Berufe rund ums Auto.

a) Hören Sie die fünf Dialoge zu dieser
   Übung. Was für Berufe haben die Leute?

b) Lesen Sie die folgenden Texte.
   Ergänzen Sie die Berufsbezeichnungen.

Der Berufskraftfahrer
Die Berufskraftfahrerin
Dialog _____

Der Tankwart
Die Tankwartin
Dialog _____

Der Autoverkäufer
Die Autoverkäuferin
Dialog _____

Der Fahrlehrer
Die Fahrlehrerin
Dialog _____

Der Automechaniker
Die Automechanikerin
Dialog _____

Berufe rund ums Auto

In Deutschland leben rund 5 Millionen Arbeitnehmer vom Auto. Aber nur gut 2 Millionen arbeiten direkt für das Auto: in den großen Autofabriken, in kleineren Autoteilefabriken, in Tankstellen oder Werkstätten und in Autogeschäften. Die anderen Stellen sind in Büros, Ämtern und im Straßenbau. Informationen über die wichtigsten Berufe rund ums Auto finden Sie auf dieser Seite.

1. Der _____ / die _____
400 bis 550 Kilometer täglich sind normal. Das ist keine leichte Arbeit, denn auf Europas Straßen gibt es immer mehr Verkehr. Trotzdem muß man immer pünktlich sein. Man ist oft mehrere Tage von seiner Familie getrennt. Ausbildung: Hauptschule, 3 Jahre Ausbildung. Verdienst: zwischen 2500 und 3500 Mark brutto. Chancen: sehr gut

2. Der _____ / die _____
Der Beruf ist bei Jungen sehr beliebt, aber auch einige Mädchen möchten gerne _____ werden. Man arbeitet in Werkstätten und an Tankstellen und repariert und pflegt Autos. Die Arbeit ist heute nicht mehr so anstrengend und schmutzig wie früher. Nach einer Prüfung als Kfz-Meister oder Kfz-Meisterin kann man eine eigene Werkstatt aufmachen. Ausbildung: Hauptschule, dreieinhalb Jahre Ausbildung. Verdienst: 2000 bis 4000 Mark, je nach Arbeitsort und Leistung. Chancen: es geht, es gibt schon viele _____

3. Der _____ / die _____
_____ arbeiten als Angestellte oder sind selbständig. Sie lehren die Fahrschüler das Autofahren, erklären ihnen im Unterricht die Verkehrsregeln und bereiten sie auf die Führerscheinprüfung vor. Für diesen Beruf braucht man sehr viel Geduld und gute Nerven. Ausbildung: Nach abgeschlossener Berufsausbildung oder Abitur wird man in einem Kurs von 5 Monaten auf die staatliche Prüfung vorbereitet. Verdienst: 5000 bis 6000 Mark (als Angestellter), als Selbständiger mehr. Chancen: unterschiedlich; in Großstädten ist die Konkurrenz groß

4. Der _____ / die _____
_____ versorgen Kraftfahrzeuge mit Benzin, Diesel, Gas und Öl, verkaufen Autozubehörteile und andere Artikel wie Zeitschriften, Zigaretten und Getränke. Technische Arbeiten gehören auch zum Beruf, z.B. Reifen montieren, Batterien testen und Glühbirnen wechseln. Man berät Kunden, bedient die Kasse und kontrolliert das Warenlager. Die Arbeitszeit kann sehr unregelmäßig sein, denn viele Tankstellen sind auch abends, nachts und am Wochenende geöffnet. Ausbildung: Hauptschule, 3 Jahre Ausbildung. Verdienst: 2200 bis 2600 Mark. Chancen: als Selbständiger ganz gut, als Angestellter schlechter

5. Der _____ / die _____
Man verkauft nicht nur Autos und berät Kunden, man muß auch Büroarbeit machen, Autos an- und abmelden und für Kunden Bankkredite und Versicherungspolicen besorgen. Viele arbeiten im Zubehörhandel. Ausbildung: 3 Jahre nach der Hauptschule. Verdienst: sehr unterschiedlich, zwischen 3000 und 12000 Mark brutto. Chancen: sehr gut, wenn man Erfolg hat

Schichtarbeit

Viele Deutsche machen Schichtarbeit. Ihre Arbeitszeit wechselt ständig. Sie tun es, weil ihr Beruf es verlangt (wie bei Ärzten, Schwestern, Polizisten und Feuerwehrleuten) oder weil sie mehr Geld verdienen wollen. Schichtarbeiter und ihre Familien leben anders. Wie, das lesen Sie in unserem Bericht. Zum Beispiel: Familie März.

Franziska März, 33, aus Hannover ist verheiratet und hat eine zwölf Jahre alte Tochter und einen kleinen Sohn von

Franziska März arbeitet seit sechs Jahren in diesem Bahnhofskiosk.

vier Jahren. Sie arbeitet als Verkäuferin in einem Bahnhofskiosk, jeden Tag von 17 bis 22 Uhr. Seit sechs Jahren macht sie diesen Job. Ihr Mann Jürgen, 37, ist Facharbeiter und arbeitet seit

elf Jahren bei einer Autoreifenfabrik. Er arbeitet Frühschicht von 6 Uhr morgens bis 14.30 Uhr oder Nachtschicht von 23 Uhr bis 6 Uhr. Einen gemeinsamen Feierabend kennen die Ehe-

Wenn seine Frau arbeitet, sorgt Jürgen März für die Kinder.

leute nicht. Wenn seine Frau arbeitet, hat er frei. Dann sorgt er für die Kinder und macht das Abendessen. „In der Woche sehen wir uns immer nur vormittags oder nachmittags für ein paar Stunden. Da bleibt wenig Zeit für Gespräche und für Freunde", sagt Franziska März. Jürgen März muß alle vier Wochen sogar am Wochenende arbeiten. „Er schläft nicht sehr gut und ist oft ziemlich nervös. Unsere Arbeit ist nicht gut für das Familienleben, das wissen wir", sagt seine Frau. Trotzdem wollen beide noch ein paar Jahre so weitermachen, denn als Schichtarbeiter verdienen sie mehr. Und

sie brauchen das Geld, weil sie sich ein Reihenhaus gekauft haben. „Mit meinem Gehalt bin ich zufrieden. Ich bekomme 21,80 Mark pro Stunde plus 60% extra für die Nachtarbeit, für Überstunden bekomme ich 25% und für Sonntagsarbeit sogar 100% extra. Pro Jahr habe ich 30 Arbeitstage Urlaub und zwischen den Schichten immer drei Tage frei. Das ist besonders gut, denn dann kann ich am Haus und im Garten arbeiten."
Franziska März verdient weniger, 14,20 Mark pro Stunde. „Obwohl ich keinen Schichtzuschlag bekomme wie Jürgen, bin ich zufrieden. Als Verkäuferin in einem Kaufhaus würde ich weniger verdienen." Die Familie März hat zusammen 6100 Mark brutto pro Monat. Außerdem bekommen beide noch ein 13. Monatsgehalt und Jürgen auch Urlaubsgeld. Dafür können sie sich ein eigenes Haus leisten, ein Auto, schöne Möbel und auch eine kleine Urlaubsreise pro Jahr.
Aber sie bezahlen dafür ihren privaten Preis: weniger Zeit für Freunde und die Familie, Nervosität und Schlafstörungen. Arbeitspsychologen und Mediziner kennen diese Probleme und warnen deshalb vor langjähriger Schichtarbeit.
Eva Tanner

13. Welche Informationen finden Sie über Herrn und Frau März im Text?

	Vorname	Alter	Beruf	arbeitet wo?	seit wann?	Arbeitszeit	Stundenlohn
er							
sie							

5

14. Interviewfragen

a) Für ihren Zeitungsartikel hat die Reporterin Eva Tanner ein Interview mit Familie März gemacht. Welche Fragen hat sie wohl gestellt?

b) Partnerarbeit: Bereiten Sie ein Interview mit Herrn und Frau März vor und spielen Sie es dann im Kurs.

> Was können Sie…?   Wo…?
> Wann…?   Wie lange…?
> Wieviel…?   Warum…?
> Welche Vorteile/Nachteile…?
> Wie alt…?

15. Familie Behrens

Auch Herr und Frau Behrens haben unterschiedliche Arbeitszeiten.

a) Welche Stichworte passen zu Frau Behrens F, welche zu Herrn Behrens H, welche zu beiden b?

☐ Ingrid Behrens, 29, aus Ulm
☐ Norbert Behrens, 27, Taxifahrer
☐ Sohn, 4 Jahre, morgens im Kindergarten
☐ immer Nachtschicht von 20 bis 7 Uhr, immer am Wochenende, hat montags und dienstags frei
☐ ist Krankenschwester, Arbeitszeit 8 bis 13 Uhr
☐ ist mit der Familie und Freunden weniger zusammen, aber dafür intensiver
☐ nachmittags machen sie und ihr Mann gemeinsam den Haushalt, spielen mit dem Kind, gehen einkaufen

☐ mag seine Arbeit
☐ macht nach der Arbeit morgens das Frühstück, schläft dann bis 14 Uhr
☐ findet Nachtarbeit nicht schlimm, nur der Straßenlärm beim Tagesschlaf stört; suchen deshalb eine ruhigere Wohnung
☐ verdient 1 400 Mark brutto
☐ verdient zwischen 2 000 und 3 000 Mark
☐ müssen beide arbeiten, sonst reicht das Geld nicht
☐ möchte ein eigenes Taxi kaufen und selbständig arbeiten, beide geben deshalb wenig Geld aus

b) Beschreiben Sie die Situation von Herrn und Frau Behrens. Ordnen Sie zuerst die Stichworte und erzählen Sie dann.

c) Schreiben Sie einen kurzen Text über die Familie Behrens.

Ingrid und Norbert Behrens wohnen in Ulm. Sie haben einen Sohn, er ist 4 Jahre alt. Ingrid Behrens bringt ihn morgens…, dann…

```
Lohn- / Gehaltsabrechnung

Personal-Nr.  M 243 976-01
Name          Jürgen März
Zeitraum      01.06 - 31.06

Lohn / Gehalt

162 Stunden à DM 21,80

Zuschläge für                                          DM 3369,60
10  Stunden Mehrarbeit (25%)
8   Stunden Sonntags-/Feiertagsarbeit (100%)           DM   54,50
8   Stunden Samstagsarbeit (40%)                       DM  174,40
74  Stunden Nachtarbeit (60%)                          DM   69,76
13. Monatsgehalt / Urlaubsgeld                         DM  967,92
Essensgeld                                                   --
Fahrgeld                                               DM   60,00
Vermögensbildung                                       DM   55,00
                                                       DM   78,00

                                          Bruttolohn   DM 4829,18

Abzüge

Lohnsteuer (Klasse IV / 2 Kinder)                      DM  888,25
Kirchensteuer evangelisch                              DM   79,94

Krankenversicherung     DM 651,93 - 50% Arbeitnehmeranteil  DM 325,96
Arbeitslosenversicherung DM 313,89 - 50% Arbeitnehmeranteil DM 156,94
Rentenversicherung      DM 845,10 - 50% Arbeitnehmeranteil  DM 422,55
Summe der Abzüge

                                                       DM 1873,64

                                          Nettolohn    DM 2955,54

Überweisung auf Konto Nr. 045 678 Stadtsparkasse
```

16. Lohn-/Gehalts-abrechnung

Lesen Sie die Gehalts-abrechnung von Herrn März.
Erklären Sie den Unter-schied zwischen Netto- und Bruttolohn.

17. Haushaltsgeld – wofür?

a) Wieviel Geld verdient eine Durchschnittsfamilie (4 Personen) in Deutschland? Wieviel gibt sie für Essen, Kleidung, Auto usw. aus?

b) Herr und Frau März verdienen zusammen 4.500 Mark netto pro Monat. Wie hoch sind ihre regelmäßigen Ausgaben und wofür werden sie verwendet? Wieviel Geld haben sie pro Monat übrig? Was macht die Familie wohl mit diesem Geld? Was meinen Sie? Wofür würden Sie persönlich das Geld ausgeben?

c) Vergleichen Sie die Familie März und die deutsche Durchschnittsfamilie.

```
Regelmäßige Ausgaben
Haushalt                   1250,-
Lebensversicherung          200,-
Baukredit                  1263,-
Heizung                     115,-
Telefon                      80,-
Wasser und Strom             85,-
Kindergarten                 90,-
Auto                        320,-
Bausparvertrag              200,-
andere Ausgaben             300,-
                           3903,-
```

Haushaltskassen...
Monatliche Ausgaben für den privaten Verbrauch in vierköpfigen Arbeitnehmerfamilien 1991* in DM

...im Westen insgesamt 3 833 DM (1 Verdiener)

davon für: Möbel (Haushaltsgeräte, Haushaltsführung) 241 · Kleidung u. Schuhe 283 · Auto (Verkehrsmittel, Telefon, Post) 811 · Essen, Trinken, Rauchen 891 · Wohnen (Miete, Heizung, Strom) 999 · sonstiges 608

...im Osten insgesamt 3 065 DM (überwiegend 2 Verdiener) 420 · 321 · 613 · 843 · 360 · sonstiges 508

*West: 2. Vj, Ost: 4. Vj. © Globus

7

Kavalierstart

○ hui, hui, hui, hui, hui, hui, hui, hui, …

□ Na, will er heute nicht?

○ hui, hui, hui, hui, hui, ploff, ploff – ploff – Mist!

□ Zuviel Gas gegeben. Jetzt sind die Zündkerzen naß.

○ hui, hui, hui, hui, ploff, ploff, ploffploffploff… Nun komm schon endlich!

□ Jetzt kommt er gleich. Nicht aufs Gaspedal drücken!

○ hui, hui, hui, hui, ploff, ploff – ploff – peng! – Verdammte Mistkarre!

□ Oder es ist der Verteiler…

○ hui, hui, hui, hui, hui, hui, hui, hui…

□ Vorsicht mit der Batterie. Lange tut sie's nicht mehr.

○ hui, hui, hui, hui, ploffploff-patsch-peng…hui, hui – hui. – So eine Mistkarre, so eine verdammte!

□ Also, ich würde mal ein paar Stunden warten. Damit die Zündkerzen trocknen…

○ hui, hui, hui, hui, hu… hu….hu…..i….i…..

□ Gute Nacht!

die Hochzeit

Lektion 15

sich verlieben

sich küssen

sich streiten

das Ehepaar

die Geburt

die Kinder erziehen

die Mutter

die Großmutter

die Enkelin

der Vater

der Großvater
der Enkel

Die beste Lösung für Barbara

Er findet mich zu dick – ich versuche abzunehmen.

Er mag keine Zigaretten – ich versuche, weniger zu rauchen.

Er findet mich zu nervös – ich versuche, ruhiger zu sein.

Er liebt Pünktlichkeit – ich versuche, pünktlicher zu sein.

Er findet mich langweilig – ich versuche, aktiver zu sein.

Er findet mich unfreundlich – ich versuche, netter zu sein.

Er sagt, ich arbeite zuviel – ich versuche, weniger zu arbeiten.

Er will mich ganz anders – ich versuche, einen anderen Mann zu finden.

§ 56

1. Was macht Barbara?

Barbaras Mann sagt:	Was macht Barbara?
„Du ißt zuviel."	Sie versucht, weniger zu essen.
„Ich mag es nicht, wenn du rauchst."	Sie versucht, …
„Du bist zu unruhig."	Sie …
„Du kommst schon wieder zu spät."	…
„Andere Frauen sind aktiver."	
„Warum lachst du nie?"	
„Du kommst immer so spät aus dem Büro."	
„Dein Essen schmeckt nicht."	

2. Was gefällt Ihnen bei anderen Leuten? Was gefällt Ihnen nicht?

Ich hasse es, wenn jemand zuviel redet.

Unhöfliche Leute kann ich nicht leiden.

Ich mag lustige Leute.

Mir gefällt es, wenn jemand Humor hat.

Tiere mögen   oft schlechte Laune haben
Kinder mögen   gut aussehen
zuviel Alkohol trinken   rauchen
dauernd über Geld sprechen   ...

aggressiv   dumm   freundlich   doof
dick   langweilig   ehrlich   pünktlich
intelligent   neugierig   höflich   laut   ...

Ich mag Leute, wenn sie mich mögen!

3. Wie finden Sie Ihre Freunde, Ihre Bekannten, Ihre...? Was gefällt Ihnen? Was gefällt Ihnen nicht?

Mein Nachbar versucht immer, mich zu ärgern.

Mein Freund hat nie Lust, mit mir tanzen zu gehen.

Mein	Kollege	vergißt	immer,	mir	zu helfen. / zu reden.
Meine	Kollegin	versucht	meistens,	mich	zu ärgern. / zu entschuldigen.
	Chef(in)		oft,	sich	zu unterhalten. / anzurufen.
	Nachbar(in)		manchmal,	sich mit mir	zu gehen. / einzuladen.
	Freund(in)		...	mit mir	zu flirten. / zu machen.
	Schwester	hat	selten	Lust,	essen/tanzen	zu kritisieren. / zu kochen.
	Bruder		nie	Zeit,	eine Pause	zu...
	Lehrer(in)		...		über Politik	
	...	hilft mir	nie,		die Wohnung	aufzuräumen.
			selten,		...	...

2

4. Wolfgang und Carola haben Streit.

a) Hören Sie den Dialog.
b) Was ist richtig?

A. Wolfgang kommt zu spät nach Hause, weil
☐ er länger arbeiten mußte.
☐ ein Kollege Geburtstag hatte.
☐ er eine Kollegin nach Hause gebracht hat.

B. Wolfgang wollte Carola anrufen, aber
☐ es war dauernd besetzt.
☐ das Telefon war kaputt.
☐ er konnte kein Telefon finden.

C. Carola hat
☐ gar nicht telefoniert.
☐ ihre Mutter in Bremen angerufen.
☐ mit ihrer Schwester in Budapest telefoniert.

D. Wolfgang ärgert sich, weil
☐ die Telefonrechnungen immer sehr hoch
sind.
☐ Carola kein Abendessen gemacht hat.
☐ Carola zuviel Geld für Kleider ausgibt.

E. Carola ist unzufrieden, weil
☐ Wolfgang am Wochenende immer
arbeitet.
☐ Wolfgang zu wenig Geld verdient.
☐ Wolfgang zu wenig mit ihr spricht.

**5. Auch Hertha und Georg streiten sich ziemlich oft. Sie gehen zu einem Eheberater
und erzählen ihm ihre Probleme.**

a) Was kritisiert Georg an Hertha? Was
kritisiert Hertha an Georg? Was meinen Sie?
Finden Sie für jeden fünf Sätze. Sie können
auch selbst Sätze bilden.
b) Wenn Sie möchten, können Sie das Gespräch
auch spielen.

Er/Sie vergißt... hilft... versucht...
hat nie Lust... hat nie Zeit...
hat nicht gelernt... hat Angst...

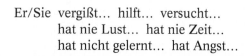

mich morgens wecken   Geld sparen
den Fernseher ausmachen
die Wohnung aufräumen
mich küssen   mir alles erzählen
ins Kino gehen   in der Küche helfen
Frühstück machen
Kinder in den Kindergarten bringen
sich duschen mit den Kindern spielen
mit anderen Männern flirten   ...
Hosen in den Schrank hängen

Sie hilft mir nie,
das Auto zu waschen.

Junge Paare heute:

Erst mal leben – Kinder später

Thema des Tages

Wenn junge Paare heute heiraten, dann wollen sie meistens nicht sofort Kinder bekommen. Viele möchten in den ersten Ehejahren frei sein und das Leben genießen. Andere wollen zuerst mal Karriere machen und Geld verdienen, um sich ein eigenes Haus, schöne Möbel und ein neues Auto kaufen zu können. Kinder sollen erst

später oder überhaupt nicht kommen.
Eine Untersuchung der Universität Bielefeld hat gezeigt:
– nur 10 Prozent der jungen Ehepaare wollen gleich nach der Heirat Kinder.
– 30 Prozent haben keine klare Meinung. Eigentlich möchten sie Kinder, aber sie finden, daß Beruf, Karriere, Reisen

und Anschaffungen in den ersten Ehejahren genauso wichtig sind.
– 60 Prozent finden, daß berufliche Karriere und Anschaffungen am Anfang der Ehe wichtiger sind. Nach einigen Jahren möchten sie dann vielleicht auch Kinder haben.

6. Hören Sie vier Interviews. Wie passen die Sätze zusammen?

Martin (30) und Astrid (28) Harig, Lehrer/Verkäuferin, Gütersloh

Volker (25) und Bärbel (26) Sowisch, Angestellter/Beamtin, Celle

Heinz (23) und Agnes (21) Lehnert, Bürokaufmann/Auszubildende (Verlagskauffrau), Halle

Thomas (29) und Claudia (26) Tempe, Fahrlehrer/Arzthelferin, Ulm

Astrid meint, ___

Sie möchte mit ihrem Mann ___

Kinder würden ___

Bärbel und ihr Mann wollen jetzt noch kein Baby, ___

Bärbel muß arbeiten, ___

Außerdem müssen sie ___

Heinz und seine Frau ___

Er hofft, ___

Außerdem möchte er, daß seine Frau ___

Claudia sagt, ___

Sie und ihr Mann ___

Sie meinen, ___

a) daß junge Eltern für Kinder besser sind.

b) lieben Kinder sehr.

c) noch viel für ihre Wohnung anschaffen.

d) obwohl sie Kinder lieben.

e) daß ein Ehepaar keine Kinder haben muß.

f) daß sie sofort ein Kind haben will.

g) erst noch ihren Abschluß macht.

h) oft in Konzerte gehen.

i) sie und ihren Mann nur stören.

j) weil ihr Mann nicht viel verdient.

k) wollen noch drei Jahre ohne Kinder bleiben.

l) daß sie dann eine Wohnung mit Garten haben.

4

Wir haben geheiratet
Helmut Schwarz
Burglind Schwarz
geb. Marquardt

33689 Bielefeld, Am Stadion 20
z.Z. auf Hochzeitsreise

Wir verloben uns
Karin Bonner
Moorpad 7
26345 Bockhorn

Michael Kreymborg
Hinterbusch 22
26316 Varel

7. Hören Sie den Modelldialog. Machen Sie weitere Dialoge nach diesem Muster.

○ Sag mal, stimmt es, daß Burglind
  geheiratet hat?
□ Ja, das habe ich auch gehört.
○ Und – ist er nett?
□ Ich weiß nur, daß er Helmut heißt.
○ Kennt sie ihn schon lange?
□ Das weiß ich nicht. Sie hat ihn im
  Urlaub kennengelernt, glaube ich.

§ 57

Nebensatz mit „daß"   **Hauptsatz**

Ich habe gehört,
daß Burglind geheiratet hat.   Burglind hat geheiratet.

a) Burglind hat geheiratet. Ihr Mann heißt Helmut.
   Sie hat ihn im Urlaub kennengelernt
b) Karin hat sich verlobt. Ihr Verlobter heißt Kurt.
   Sie hat ihn in einer Diskothek kennengelernt.
c) Giorgio hat eine Freundin. Sie ist Italienerin.
   Er hat sie im Deutschkurs kennengelernt.
d) Max hat geheiratet. Seine Frau ist Sekretärin. Er hat sie in seiner Firma kennengelernt.
e) Herr Krischer hat sich verlobt. Seine Verlobte heißt Maria. Er hat sie in der Universität
   kennengelernt.
f) Ina hat einen neuen Freund. Er ist Ingenieur. Sie hat ihn in der U-Bahn kennengelernt.

8. Meinungen, Urteile, Vorurteile ...

Ich glaube, daß Liebe in der Ehe am wichtigsten ist.
Ich bin dagegen, daß eine Ehefrau arbeitet.
Ich glaube, daß die Ehe die Liebe tötet.
Ich bin überzeugt, daß alle Frauen gern heiraten wollen.
Ich bin der Meinung, daß eine Ehe ohne Kinder nicht glücklich sein kann.
Ich bin sicher, daß die Ehe in 50 Jahren tot ist.
Ich finde, daß man schon sehr jung heiraten soll.

a) Was denken Sie über die Ehe? Schreiben Sie fünf Sätze.
b) Wie finden Sie die Meinungen der anderen Kursteilnehmer?

Das ist nicht ganz falsch.   Das ist doch Unsinn!   Na ja, ich weiß nicht.

Ich finde, daß ...   Ich bin dafür, daß ...   Sicher, aber ich meine, daß ...

»So ist es jeden Abend«

Im Sommer ist es schön, weil wir dann abends in den Garten gehen. Dann grillen wir immer, und mein Vater macht ganz tolle Salate und Saucen.
Nicola, 9 Jahre

Bei uns möchte jeder abends etwas anderes. Ich möchte mit meinen Eltern spielen, meine Mutter möchte sich mit meinem Vater unterhalten, und mein Vater will die Nachrichten sehen. Deshalb gibt es immer Streit.
Holger, 11 Jahre

Bei uns ist es abends immer sehr gemütlich. Meine Mutter macht ein schönes Abendessen, und mein Vater und ich gehen mit dem Hund spazieren. Nach dem Essen darf ich noch eine halbe Stunde aufbleiben.
Petra, 9 Jahre

Bei uns gibt es abends immer Streit. Mein Vater kontrolliert meine Hausaufgaben und regt sich über meine Fehler auf. Meine Mutter schimpft über die Unordnung im Kinderzimmer. Dann gibt es Streit über das Fernsehprogramm. Mein Vater will Politik sehen und meine Mutter einen Spielfilm. So ist das jeden Abend.
Heike, 11 Jahre

Meine Mutter möchte abends manchmal weggehen, ins Kino oder so, aber mein Vater ist immer müde. Oft weint meine Mutter dann, und mein Vater sagt: »Habe ich bei der Arbeit nicht genug Ärger?«
Frank, 10 Jahre

Mein Vater will abends immer nur seine Ruhe haben. Wenn wir im Kinderzimmer zu laut sind, sagt er immer: »Entweder ihr seid still oder ihr geht gleich ins Bett!«
Susi, 8 Jahre

Ich möchte abends gern mit meinen Eltern spielen. Mutter sagt dann immer: »Ich muß noch aufräumen« oder »Ich fühle mich nicht wohl«. Und Vater will fernsehen.
Sven-Oliver, 8 Jahre

Wenn mein Vater abends um sieben Uhr nach Hause kommt, ist er ganz kaputt. Nach dem Essen holt er sich eine Flasche Bier aus dem Kühlschrank und setzt sich vor den Fernseher. Meine Mutter sagt dann immer: »Warum habe ich dich eigentlich geheiratet?«
Brigitte, 10 Jahre

9. Familienabend

a) Zu welchen Texten von Seite 187 passen die Sätze? Welche passen zu keinem Text?

Nicola	Holger	Heike	Susi	Sven	Petra	Frank	Brigitte	niemand

(A) Der Vater will jeden Abend fernsehen.
(B) Der Vater hat schlechte Laune,
    weil er sich im Betrieb geärgert hat.
(C) Der Vater muß abends lange arbeiten.
(D) Dem Vater schmeckt das Essen nicht.
(E) Die Mutter ist ärgerlich, weil der Vater
    abends immer müde ist.
(F) Die Mutter schimpft immer über
    die Unordnung im Kinderzimmer.
(G) Abends kommt oft Besuch.

(H) Die Kinder sind abends alleine,
    weil die Eltern weggehen.
(I) Die Kinder dürfen abends ihre
    Freunde einladen.
(J) Die Eltern haben abends keine Lust,
    mit den Kindern zu spielen.
(K) Es gibt Streit über das Fernsehen.
(L) Der Abend ist immer sehr gemütlich.
(M) Die Kinder müssen entweder ruhig
    sein, oder sie müssen ins Bett.

10. Was macht der Mann abends? Was macht die junge Frau abends?

a) Hören Sie die Texte auf der Kassette.
b) Welche Stichworte passen zu Günter **G**, welche zu Vera **V**?

Günter
Kramer (31),
Bürokauf-
mann,
verheiratet,
2 Kinder,
Hannover

Vera
Meister (24),
Sekretärin,
ledig,
Berlin

☐ alte Filme
☐ Bekannte treffen
☐ ein Bier
☐ Stammkneipe
☐ erstmal müde
☐ etwa fünf Uhr
☐ Dusche
☐ fernsehen

☐ Freunde einladen
☐ gegen sieben Uhr
☐ Jazztanz
☐ Kaffee trinken
☐ Kinder: spielen /
   Hausaufgaben
☐ nicht fernsehen
☐ nicht stören dürfen

☐ Theaterabonnement
☐ tolles Menü
☐ Viertel nach vier
☐ Zeitung
☐ Sauna
☐ zu Hause bleiben
☐ zweimal pro Woche zum
   Sport

c) Berichten Sie: Wie verbringen Günter und Vera ihren Feierabend?
   Günter kommt meistens gegen fünf Uhr nach Hause. Dann…

d) Was machen Sie abends? Erzählen Sie.

11. Die Familie in Deutschland früher und heute

Früher …

§ 41

– heiratete man sehr früh.
– verdiente nur der Mann Geld.
– kümmerte sich der Vater nur selten um die Kinder.
– hatten die Familien viele Kinder.
– half der Mann nie im Haushalt.
– erzog man die Kinder sehr streng.

– lernten nur wenige Frauen einen Beruf.
– wurden die Kinder geschlagen.
– lebten die Großeltern meistens bei den Kindern.
– lebten keine unverheirateten Paare zusammen.
– war der Mann der Herr im Haus.

Heute …

_____

_____

_____

auch oft/öfter

weniger seltener

später nicht so

meistens mehr
…

**Heute
Präsens**

Man ist …
Man hat …
Man heiratet …
Man erzieht …

**Früher
Präteritum**

Man war …
Man hatte …
Man heiratete …
Man erzog …

Mit 30 hatte sie schon sechs Kinder.

Maria lebt in einem Altersheim. Trotzdem ist sie nicht allein, eine Tochter oder ein Enkelkind ist immer da, ißt mit ihr und bleibt, bis sie im Bett liegt. Maria ist sehr zufrieden – viele alte Leute bekommen nur sehr selten Besuch. Marias Jugendzeit war sehr hart. Eigentlich hatte sie nie richtige Eltern. Als

Maria, 94 Jahre alt, Ururgroßmutter

sie zwei Jahre alt war, starb ihr Vater. Ihre Mutter vergaß ihren Mann nie und dachte mehr an ihn als an ihre Tochter. Maria war deshalb sehr oft allein, aber das konnte sie mit zwei Jahren natürlich noch nicht verstehen. Ihre Mutter starb, als sie 14 Jahre alt war. Maria lebte dann bei ihrem Großvater. Mit 17 Jahren heiratete sie, das war damals normal. Ihr erstes Kind, Adele, bekam sie, als sie 19 war. Mit 30 hatte sie schließlich sechs Kinder.

Sie wurde nur vom Kindermädchen erzogen.

Adele lebte als Kind in einem gutbürgerlichen Elternhaus. Wirtschaftliche Sorgen kannte die Familie nicht. Nicht die Eltern, sondern ein Kindermädchen erzog die Kinder. Sie hatten auch einen Privatlehrer. Mit ihren Eltern konnte sich Adele nie richtig unterhalten, sie waren ihr immer etwas

Adele, 75 Jahre alt, Urgroßmutter

fremd. Was sie sagten, mußten die Kinder unbedingt tun. Wenn zum Beispiel die Mutter nachmittags schlief, durften die Kinder nicht laut sein und spielen. Manchmal gab es auch Ohrfeigen. Als sie 15 Jahre alt war, kam Adele in eine Mädchenschule. Dort blieb sie bis zur mittleren Reife. Dann lernte sie Kinderschwester. Aber eigentlich fand sie es nicht so wichtig, einen Beruf zu lernen, denn sie wollte auf jeden Fall lieber heiraten und eine Familie haben. Auf Kinder freute sie sich besonders. Die wollte sie dann aber freier erziehen, als sie selbst erzogen worden war; denn an ihre eigene Kindheit dachte sie schon damals nicht so gern zurück.

Fünf Ger

auf de

So ein Foto gibt es nur noch selten: fünf Generationen auf einem Sofa. Zusammen sind sie 248 Jahre alt: von links Sandra (6), Sandras Großmutter Ingeborg (50), Sandras Urgroßmutter Adele (75), Sandras Ururgroß-

rationen

*Ingeborg, 50 Jahre alt,
Großmutter*

Das Wort der Eltern war Gesetz. Ingeborg hatte ein wärmeres und freundlicheres Elternhaus als ihre Mutter Adele. Auch in den Kriegsjahren fühlte sich Ingeborg bei ihren Eltern sehr sicher. Aber trotzdem, auch für sie war das Wort der Eltern Gesetz. Wenn zum Beispiel Besuch im Haus war, dann mußten die Kinder gewöhnlich in ihrem Zimmer bleiben und ganz ruhig sein. Am Tisch durften sie nur dann sprechen, wenn man sie etwas fragte. Die Eltern haben Ingeborg immer den Weg gezeigt. Selbst hat sie nie Wünsche gehabt. Auch in ihrer Ehe war das so. Heute kritisiert sie das. Deshalb versucht sie jetzt mit 50 Jahren, selbständiger zu sein und mehr an sich selbst zu denken. Aber weil Ingeborg das früher nicht gelernt hat, ist das für sie natürlich nicht leicht.

*Ulrike, 23 Jahre alt,
Mutter*

Der erste Rebell in der Familie. Ulrike wollte schon früh anders leben als ihre Eltern. Für sie war es nicht mehr normal, immer nur das zu tun, was die Eltern sagten. Noch während der Schulzeit zog sie deshalb zu Hause aus. Ihre Eltern konnten das am Anfang nur schwer verstehen. Mit 17 Jahren bekam sie ein Kind. Das fanden alle viel zu früh. Den Mann wollte sie nicht heiraten. Trotzdem blieb sie mit dem Kind nicht allein. Ihre Mutter, aber auch ihre Großmutter halfen ihr. Beide konnten Ulrike sehr gut verstehen. Denn auch sie wollten in ihrer Jugend eigentlich anders leben als ihre Eltern, konnten es aber nicht.

Sofa

mutter Maria (94) und Sandras Mutter Ulrike (23).
Zwischen der Ururgroßmutter und der Ururenkelin liegen 88 Jahre. In dieser langen Zeit ist vieles anders geworden, auch die Familie und die Erziehung.

Sie findet Verwandte langweilig. Sandra wird viel freier erzogen als Maria, Adele, Ingeborg und auch Ulrike. Bei unserem Besuch in der Familie sahen wir das deutlich. Sie mußte nicht ruhig sein, wenn wir uns unterhielten; und als sie sich langweilte und uns störte, lachten die Erwachsenen, und sie durfte im Zimmer bleiben. Früher wäre das unmöglich gewesen.

12. Maria, Adele, Ingeborg, Ulrike, Sandra

Welche Sätze passen zur Jugendzeit von Maria, Adele, Ingeborg, Ulrike und Sandra?
Diskutieren Sie die Antworten.

a) Die Kinder machen, was die Eltern sagen.
b) Die Kinder sollen selbständig und kritisch sein.
c) Die Kinder wollen anders leben als ihre Eltern.
d) Die Eltern haben viele Kinder.
e) Frauen müssen verheiratet sein, wenn sie ein Kind wollen.

f) Die Wünsche der Kinder sind unwichtig.
g) Der Vater arbeitet, und die Mutter ist zu Hause.
h) Man hat gewöhnlich nur ein oder zwei Kinder.
i) Frauen heiraten sehr jung.
j) Frauen wollen lieber heiraten als einen Beruf haben.

13. Damals und heute

a) So ist die Kindheit von Sandra (6) heute.

Sandra wird ziemlich frei erzogen. Sie ist deshalb auch schon recht selbständig und macht nicht immer, was ihre Mutter Ulrike sagt. Trotzdem bekommt sie keine Ohrfeigen. Ihre Mutter kümmert sich viel um sie und spielt oft mit ihr. Mutter und Tochter verstehen sich sehr gut. Sandra ist ein intelligentes Mädchen. Sie kommt später sicher aufs Gymnasium. Ulrike möchte, daß ihre Tochter das Abitur macht. Studium und Beruf findet Sandra später einmal bestimmt genauso wichtig wie Ehe und Kinder.

§ 41

b) Wie war die Kindheit von Sandras Urgroßmutter Adele? Erzählen Sie.
Lesen Sie vorher noch einmal den Text über Adele auf S. 190.

Präteritum
schwache Verben

sagt – sagte
macht – machte
kümmert – kümmerte
spielt – spielte

starke Verben

wird – wurde
kommt – kam
bekommt – bekam
findet – fand
versteht – verstand

Adele wurde ziemlich streng erzogen. Nicht ihre Eltern, sondern…

Sie hatte…

Meine Mutter ist eine alte Hexe!

14. Wie waren Ihre Jugend und Ihre Erziehung? Erzählen Sie.

Sie können folgende Wörter und Sätze verwenden:

| Ich | mußte
durfte
sollte
konnte | selten
nie
oft
manchmal
meistens
jeden Tag
immer
gewöhnlich
regelmäßig | ... | Ich habe | immer
oft
nie
selten
... | Lust/Zeit/Angst gehabt,
versucht,
... | ... zu ... |

Mein Vater / Bruder	war	nie	...
Meine Mutter / Schwester	hat	...	
...			

Ich habe mich		immer	über	...	geärgert.
Meine Eltern haben	sich	selten	für		gefreut.
Mein Vater hat		oft	...		interessiert
Meine Mutter hat		...			aufgeregt. ...

aufpassen auf, anziehen, aufstehen, einkaufen, essen, fragen, mitkommen, schlafen gehen, lügen, stören, bleiben, tragen, sich unterhalten, verbieten, kritisieren, singen, arbeiten, aufräumen, ausgeben, bekommen, mitgehen, putzen, studieren, rauchen, spielen, tanzen, helfen, kochen, spazierengehen, Sport treiben, machen, fernsehen, schwimmen, weggehen, telefonieren

15. Jeder hat vier Urgroßväter und vier Urgroßmütter.

a) Der Vater der Mutter meiner Mutter ist mein Urgroßvater.
Der Vater der Mutter meines Vaters ist mein Urgroßvater.
Der Vater des Vaters meines Vaters ist mein Urgroßvater.
Der Vater des Vaters meiner Mutter ist mein Urgroßvater.

b) Die Mutter der ...
Die Mutter des ...

 § 14

16. Machen Sie ein Fragespiel.

Der Mann der Schwester meiner Mutter: Wer ist das?

Das ist dein Onkel.

Die Frau des Vaters meiner ...
Die Tochter der ...

Das ist ...

a) Onkel – Tante
b) Neffe – Nichte
c) Enkel – Enkelin
d) Cousin – Cousine
e) Sohn – Tochter
f) Bruder – Schwester
g) Schwager – Schwägerin
h) Großmutter (Oma) –
   Großvater (Opa)
i) Urgroßmutter – Urgroßvater

7

Kalter Kaffee

○ Der Kaffee ist wieder mal kalt, Liselotte!

□ Aber Erich, der Kaffee ist doch nicht kalt!

○ Jedenfalls ist er nicht heiß.

□ Aber du kannst doch nicht im Ernst behaupten, Erich, daß der Kaffee kalt ist.

○ Wenn ich sage, daß der Kaffee kalt ist, so will ich damit sagen, daß er nicht heiß ist. Das ist eine Tatsache.

□ Was? Daß der Kaffee kalt ist?

○ Nein, daß er nicht heiß ist.

□ Du gibst also zu, daß er nicht kalt ist!

○ Liselotte – der Kaffee ... ist ... wieder mal ... nicht heiß!

□ Vorhin hast du gesagt, er ist wieder mal kalt.

○ Und damit wollte ich sagen, daß er nicht heiß ist.

□ Also, ich finde, daß der Kaffee warm ist. Jawohl, warm! Und so soll er auch sein.

○ Nein. Der Kaffee muß heiß sein, wenn er schmecken soll. Und es stimmt auch nicht, daß er warm ist. Er ist höchstens lauwarm.

□ Wenn er lauwarm ist, dann ist er nicht kalt.

○ Lauwarmer Kaffee ist noch schlimmer als kalter Kaffee.

□ Und warum, glaubst du, ist der Kaffee lauwarm?

○ Weil du ihn wieder mal nicht heiß auf den Tisch gestellt hast.

□ Nein, mein Lieber! Weil du ihn nicht trinkst, sondern seit zehn Minuten behauptest, daß er kalt ist.

Lösungen

zu Seite 12, Übung 11: Wie weiter?

1 – 3 – 5 – 7 – 9 – 11 – 13 – 15 ... 95 – 97 – 99
30 – 28 – 26 – 24 – 22 – 20 – 18 ... 6 – 4 – 2 – 0
11 – 22 – 33 – 44 – 55 – 66 – 77 – 88 – 99
98 – 87 – 76 – 65 – 54 – 43 – 32 – 21 – 10
50 – 60 – 40 – 70 – 30 – 80 – 20 – 90 – 10 – 100 – 0

zu Seite 13, Übung 12: Was meinen Sie?

Julia Omelas Cunha kommt aus Brasilien.
Victoria Roncart kommt aus Frankreich.
Farbin Halim kommt aus Japan.
Sven Gustafsson kommt aus Schweden.

zu Seite 18, Übung 19: Wo sind die Tramper?

Etwa beim Autobahnkreuz Kassel–Würzburg / Frankfurt–Erfurt.

zu Seite 119, Übung 3: Personen Quiz

Die Person Nr. 1 heißt Wolfgang Amadeus Mozart.
Die Person Nr. 2 heißt Johann Wolfgang von Goethe.

zu Seite 131, Übung 4   1 Peter, 2 Klaus, 3 Hans, 4 Uta, 5 Brigitte, 6 Eva
zu Seite 131, Übung 5   Peter und Brigitte, Klaus und Uta, Hans und Eva

zu Seite 159, Übung 1
A: Aerobics, 1.50, RTL; B: Mini-Playback-Show, 15.55 RTL; C: Abenteuer Mount Everest,
20.15, ARD; D: Bilder aus Österreich, 18.00, 3 Sat; E: Zirkusnummern, 15.00, ZDF;
F: L.A. Law, 22.45, RTL

Grammatikübersicht

Artikel und Nomen

§ 1 Nominativ

		definiter Artikel		indefiniter Artikel positiv		negativ	
Singular	*Maskulinum*	der	Tisch	ein	Tisch	kein	Tisch
	Femininum	die	Lampe	eine	Lampe	keine	Lampe
	Neutrum	das	Bild	ein	Bild	kein	Bild
Plural	*Maskulinum*	die	Tische	–	Tische	keine	Tische
	Femininum	die	Lampen	–	Lampen	keine	Lampen
	Neutrum	die	Bilder	–	Bilder	keine	Bilder

⚠ *Artikel im Plural: Maskulinum = Femininum = Neutrum*

§ 2 Akkusativ

		definiter Artikel		indefiniter Artikel positiv		negativ	
Singular	*Maskulinum*	den	Salat	einen	Salat	keinen	Salat
	Femininum	die	Suppe	eine	Suppe	keine	Suppe
	Neutrum	das	Ei	ein	Ei	kein	Ei
Plural	*Maskulinum*	die	Salate	–	Salate	keine	Salate
	Femininum	die	Suppen	–	Suppen	keine	Suppen
	Neutrum	die	Eier	–	Eier	keine	Eier

Zum Vergleich:

Nominativ				*Akkusativ*		
Das ist	ein	Tisch,		Ich kaufe	einen	Tisch.
das ist	kein	Stuhl.		Ich brauche	keinen	Stuhl.
	Der	Tisch	kostet 200 DM.	Ich nehme	den	Tisch.
Das ist	eine	Lampe,		Ich kaufe	eine	Lampe.
das ist	keine	Kamera.		Ich brauche	keine	Kamera.
	Die	Lampe	ist praktisch.	Ich nehme	die	Lampe.
Das ist	ein	Bild,		Ich kaufe	ein	Bild.
das ist	kein	Foto.		Ich brauche	kein	Foto.
	Das	Bild	ist neu.	Ich nehme	das	Bild.
Das sind		Tische,		Ich kaufe		Tische.
das sind	keine	Stühle.		Ich brauche	keine	Stühle.
	Die	Tische	kosten 200 DM.	Ich nehme	die	Tische.

§ 3 Dativ

		definiter Artikel		indefiniter Artikel			
				positiv		negativ	
Singular	Maskulinum	dem	Garten	einem	Garten	keinem	Garten
	Femininum	der	Terrasse	einer	Terrasse	keiner	Terrasse
	Neutrum	dem	Fenster	einem	Fenster	keinem	Fenster
Plural	Maskulinum	den	Gärten	–	Gärten	keinen	Gärten
	Femininum	den	Terrassen	–	Terrassen	keinen	Terrassen
	Neutrum	den	Fenstern	–	Fenstern	keinen	Fenstern

Zum Vergleich:

Nominativ			Dativ		
Der Garten	ist groß.	Die Kinder spielen in	dem	Garten	(im Garten).
Die Terrasse	ist neu.	Die Kinder spielen auf	der	Terrasse.	
Das Fenster	ist groß.	Die Kinder spielen an	dem	Fenster	(am Fenster).
Die Fenster	sind groß.	Die Kinder spielen an	den	Fenstern.	

 Dativ Plural: Nomen + -(e)n; Ausnahme: Nomen mit Plural auf -s: in den Autos

§ 4 Genitiv

		definiter Artikel		indefiniter Artikel			
				positiv		negativ	
Singular	Maskulinum	des	Malers	eines	Malers	keines	Malers
	Femininum	der	Stadt	einer	Stadt	keiner	Stadt
	Neutrum	des	Landes	eines	Landes	keines	Landes
Plural	Maskulinum	der	Maler			keiner	Maler
	Femininum	der	Städte	*		keiner	Städte
	Neutrum	der	Länder			keiner	Länder

 * Form existiert nicht;
stattdessen: von + Dativ: Die Bilder von Malern des 19. Jahrhunderts …

Zum Vergleich:

Nominativ			Genitiv		
Der Maler	lebt in Deutschland.	Die Bilder	des	Malers	sind berühmt.
Die Stadt	heißt Köln.	Das Wahrzeichen	der	Stadt	ist der Dom.
Das Land	liegt in Europa.	Die Hauptstadt	des	Landes	ist Bern.
Die Länder	liegen in Europa.	Die Hauptstädte	der	Länder	sind berühmt.

§ 5 Übersicht: Definiter Artikel und Nomen

	Mask.	Fem.	Neutr.	Plural
Nominativ	der Mann	die Frau	das Kind	die Männer/Frauen/Kinder
Akkusativ	den Mann	die Frau	das Kind	die Männer/Frauen/Kinder
Dativ	dem Mann	der Frau	dem Kind	den Männern/Frauen/Kindern
Genitiv	des Mannes	der Frau	des Kindes	der Männer/Frauen/Kinder

§ 6 Artikelwörter: „dieser", „mancher", „jeder" / „alle"

	Nominativ	Akkusativ	Dativ	Genitiv
Singular:	dieser Mann	diesen Mann	diesem Mann	dieses Mannes
	diese Frau	diese Frau	dieser Frau	dieser Frau
	dieses Kind	dieses Kind	diesem Kind	dieses Kindes
Plural:	diese Leute	diese Leute	diesen Leuten	dieser Leute

Diese Endungen auch bei den Artikelwörtern mancher *und* jeder / alle:

mancher Mann	manchen Mann	manchem Mann	manches Mannes
...	...	...	...

⚠ *Plural von* jeder *ist* alle:

Singular:	jeder Mann	jeden Mann	jedem Mann	jedes Mannes
	...	...	...	...
Plural:	alle Leute	alle Leute	allen Leuten	aller Leute

Die Endungen sind wie die Endungen des definiten Artikels.

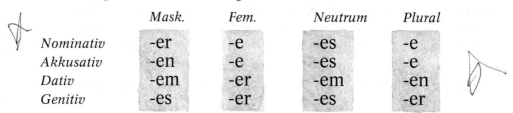

	Mask.	Fem.	Neutrum	Plural
Nominativ	-er	-e	-es	-e
Akkusativ	-en	-e	-es	-e
Dativ	-em	-er	-em	-en
Genitiv	-es	-er	-es	-er

§ 7 Artikel bei zusammengesetzten Nomen

die Arbeit + der Tag → der Arbeitstag
der Urlaub + die Reise → die Urlaubsreise
die Woche + das Ende → das Wochenende

§ 8 Frageartikel: Welcher?

Der	Fluß fließt durch Hamburg.
Welcher	Fluß fließt durch Hamburg?
Die	Sportlerin hat gewonnen.
Welche	Sportlerin hat gewonnen?
Das	Bundesland hat keine Küste.
Welches	Bundesland hat keine Küste?
Die	Bundesländer haben keine Küste.
Welche	Bundesländer haben keine Küste?

	Maskul.	*Femin.*	*Neutrum*	*Plural*
Nom.	welcher	welche	welches	welche
Akk.	welchen	welche	welches	welche
Dat.	welchem	welcher	welchem	welchen
Gen.	welches	welcher	welches	welcher

§ 9 Null-Artikel und Mengenangaben

				Null-Artikel	+Nomen
Was trinkt	Herr Martens?		Er trinkt		Kaffee.
Was ißt	Herr Martens?		Er ißt		Suppe.
Was kauft	Herr Martens?		Er kauft		Kartoffeln.

				Mengenangaben + Nomen	
Wieviel	Kaffee	trinkt Herr Martens?	Er trinkt	zwei Tassen	Kaffee.
Wieviel	Suppe	ißt Herr Martens?	Er ißt	einen Teller	Suppe.
Wieviel	Kartoffeln	kauft Herr Martens?	Er kauft	ein Kilogramm	Kartoffeln.

Man sagt auch:
Ich nehme einen Kaffee. (= eine Tasse Kaffee); … eine Suppe (= einen Teller Suppe)

§ 10 Possessivartikel

a) Zum Vergleich:

		Maskulinum	*Femininum*	*Neutrum*		*Plural*
		ein Tisch	eine Uhr	ein Bild		– Bilder
ich:	Das ist	mein Tisch	mein<u>e</u> Uhr	mein Bild	Das sind	mein<u>e</u> Bilder
du:	Das ist	dein Tisch	dein<u>e</u> Uhr	dein Bild	Das sind	dein<u>e</u> Bilder
er:	Das ist	sein Tisch	sein<u>e</u> Uhr	sein Bild	Das sind	sein<u>e</u> Bilder
sie:	Das ist	ihr Tisch	ihr<u>e</u> Uhr	ihr Bild	Das sind	ihr<u>e</u> Bilder
Sie:	Das ist	Ihr Tisch	Ihr<u>e</u> Uhr	Ihr Bild	Das sind	Ihr<u>e</u> Bilder

⚠ er: <u>sein</u> – Tisch   sie: <u>ihr</u> – Tisch
                <u>sein</u> e Uhr   <u>ihr</u> e Uhr

b) Übersicht:

	Nominativ			*Akkusativ*			*Dativ*			*Genitiv*		
ich:	mein			mein			mein			mein		
du:	dein			dein			dein			dein		
Sie:	Ihr			Ihr			Ihr			Ihr		
er:	sein			sein			sein			sein		
sie:	ihr	–	Tisch	ihr	en	Tisch	ihr	em	Tisch	ihr	es	Tisches
es:	sein	e	Uhr	sein	e	Uhr	sein	er	Uhr	sein	er	Uhr
		–	Bild		–	Bild		em	Bild		es	Bildes
wir:	unser			unser			unser			unser		
ihr:	euer*			euer*			euer*			euer*		
Sie:	Ihr			Ihr			Ihr			Ihr		
Sie:	ihr			ihr			ihr			ihr		

⚠ * *Man sagt:* <u>eu</u>re Uhr, <u>eu</u>ren Tisch *usw.; aber:* <u>euer</u> Tisch, <u>euer</u> Bild *usw.*

§ 11 Pluralformen

Darstellung in der Wortliste

Genus der Nomen

r Tisch   = de<u>r</u> Tisch
e Lampe = di<u>e</u> Lampe
s Foto   = da<u>s</u> Foto

Genus und Plural

r Tisch, -e   = der Tisch, die Tisch<u>e</u>
e Lampe, -n = die Lampe, die Lamp<u>en</u>
s Foto, -s   = das Foto, die Foto<u>s</u>

Plural der Nomen

Plural-zeichen	Singular-Form	Plural-Form
-e	Tisch	Tisch<u>e</u>
¨e	Stuhl	St<u>üh</u>l<u>e</u>
-n	Lampe	Lamp<u>en</u>
-en	Uhr	Uhr<u>en</u>
–	Stecker	Stecker
¨	Mutter	M<u>ü</u>tter
-er	Bild	Bild<u>er</u>
¨er	Land	L<u>ä</u>nd<u>er</u>
-s	Foto	Foto<u>s</u>

§ 12 Ländernamen

Ländernamen ohne Artikel:

Ich fahre nach | Deutschland
               | Österreich
               | Frankreich
               | Dänemark
               | …
               | Afrika
               | Europa
               | …

Ich komme aus | Deutschland
               | Österreich
               | Frankreich
               | Dänemark
               | …
               | Afrika
               | Europa
               | …

Ländernamen mit Artikel:

Ich fahre <u>in</u> | di<u>e</u> Bundesrepublik Deutschland
            | di<u>e</u> Schweiz
            | di<u>e</u> Türkei
            | di<u>e</u> GUS *(Singular!)*
            | di<u>e</u> USA *(Plural!)*
            | di<u>e</u> Niederlande *(Plural!)*
            | …

Ich komme <u>aus</u> | de<u>r</u> Bundesrepublik Deutschland
              | de<u>r</u> Schweiz
              | de<u>r</u> Türkei
              | de<u>r</u> GUS *(Singular!)*
              | de<u>n</u> USA *(Plural!)*
              | de<u>n</u> Niederlanden *(Plural!)*

§ 13 Nomen mit besonderen Formen im Singular

a) Einige maskuline Nomen

Nominativ	der	Mensch	Herr	Kollege		Name
Akkusativ	den	Mensch**en**	Herr**n**	Kollege**n**		Name**n**
Dativ	dem	Mensch**en**	Herr**n**	Kollege**n**		Name**n**
Genitiv	des	Mensch**en**	Herr**n**	Kollege**n**		Name**ns**

Diese Endungen auch bei anderen Nomen:

wie Mensch:　Assist<u>ent</u>, Pati<u>ent</u>, Präsid<u>ent</u>, Stud<u>ent</u>, Musik<u>ant</u>, …
　　　　　　　Demokr<u>at</u>, Sold<u>at</u>, …
　　　　　　　Fotogr<u>af</u>, …
　　　　　　　Journal<u>ist</u>, Jur<u>ist</u>, Kompon<u>ist</u>, Poliz<u>ist</u>, Tour<u>ist</u>, …
wie Herr:　　Bauer; Nachbar
wie Kollege:　Junge, Kunde, Neffe
　　　　　　　Chinese, Grieche, Franzose, …

Diese Endungen auch bei

Friede; Gedanke

b) Nomen aus Adjektiven

	Maskulinum				*Femininum*			
Nom.	der Angestellt**e**	ein	Angestellt**er**		die Angestellt**e**	eine	Angestellt**e**
Akk.	den Angestellt**en**	einen	Angestellt**en**		die Angestellt**e**	eine	Angestellt**e**
Dat.	dem Angestellt**en**	einem	Angestellt**en**		der Angestellt**en**	einer	Angestellt**en**
Gen.	des Angestellt**en**	eines	Angestellt**en**		der Angestellt**en**	einer	Angestellt**en**

Diese Endungen auch bei
der / die Angehörige, Arbeitslose, Bekannte, Deutsche, Erwachsene, Jugendliche, Kranke, Selbständige, Tote, Verlobte, Verwandte, …; der Beamte (*Femininum:* die Beamtin)

 Vgl. Deklination der Adjektive § 16!

§ 14 Genitiv bei Ausdrücken mit Possessivartikel und bei Namen

die Frau	von meinem	Bruder		die Frau	mein**es**	Bruder**s**
der Mann	von meiner	Schwester		der Mann	mein**er**	Schwester
die Mutter	von meinem	Kind		die Mutter	mein**es**	Kinde**s**
die Eltern	von meinen	Eltern		die Eltern	mein**er**	Eltern

die Frau	von Helmut		Helmut**s**	Frau
der Mann	von Ingrid		Ingrid**s**	Mann
das Kind	von Ulrike		Ulrike**s**	Kind

 Vornamen auf -s oder -z kann man mit Apostroph schreiben: Thoma<u>s</u>' Frau
Beim Sprechen benutzt man von + *Name:* die Frau von Thomas

Adjektiv

§ 15 Formen

Der Schrank	ist	groß.	Ich finde den Schrank	groß.
Die Kommode	ist	billig.	Ich finde die Kommode	billig.
Das Regal	ist	gut.	Ich finde das Regal	gut.
Die Regale	sind	teuer.	Ich finde die Regale	teuer.

§ 16 Artikelwort + Adjektiv + Nomen

		nach definitem Artikel			*nach indefinitem Artikel*		
Singular:	*Nominativ*	der	klein**e**	Mann	ein	klein**er**	Mann
		die	klein**e**	Frau	eine	klein**e**	Frau
		das	klein**e**	Kind	ein	klein**es**	Kind
	Akkusativ	den	klein**en**	Mann	einen	klein**en**	Mann
		die	klein**e**	Frau	eine	klein**e**	Frau
		das	klein**e**	Kind	ein	klein**es**	Kind
	Dativ	dem	klein**en**	Mann	einem	klein**en**	Mann
		der	klein**en**	Frau	einer	klein**en**	Frau
		dem	klein**en**	Kind	einem	klein**en**	Kind
	Genitiv	des	klein**en**	Mannes	eines	klein**en**	Mannes
		der	klein**en**	Frau	einer	klein**en**	Frau
		des	klein**en**	Kindes	eines	klein**en**	Kindes

Diese Formen auch nach
dieser, diese, dieses
jeder, jede, jedes; alle

Diese Formen auch nach
kein, keine
mein, meine; dein, deine; ...

Plural:	*Nominativ*	die	klein**en**	Leute	klein**e**	Leute
	Akkusativ	die	klein**en**	Leute	klein**e**	Leute
	Dativ	den	klein**en**	Leuten	klein**en**	Leuten
	Genitiv	der	klein**en**	Leute	klein**er**	Leute

Diese Formen auch nach
diese
alle
keine
meine; deine; seine; ...

§ 17   Adjektive mit besonderen Formen

Das Kleid ist teuer.	–	Das ist ein teures	Kleid.
Der Wein ist sauer.	–	Das ist ein saurer	Wein.
Der Rock ist dunkel.	–	Das ist ein dunkler	Rock.
Ihre Stirn ist hoch.	–	Sie hat eine hohe	Stirn.

§ 18   Steigerung

regelmäßig

Positiv	Komparativ	Superlativ
	▮er	am ▮(e)sten
klein	kleiner	am kleinsten
hell	heller	am hellsten
wenig	weniger	am wenigsten
schmal	schmaler	am schmalsten
dünn	dünner	am dünnsten
schön	schöner	am schönsten
leise	leiser	am leisesten
dunkel	dunkler (!)	am dunkelsten
sauer	saurer (!)	am sauersten
teuer	teurer (!)	am teuersten

mit Vokalwechsel

Positiv	Komparativ	Superlativ
	▮er	am ▮(e)sten
alt	älter	am ältesten
kalt	kälter	am kältesten
hart	härter	am härtesten
warm	wärmer	am wärmsten
lang	länger	am längsten
scharf	schärfer	am schärfsten
stark	stärker	am stärksten
groß	größer	am größten (!)
hoch	höher (!)	am höchsten
kurz	kürzer	am kürzesten

unregelmäßig

Positiv	Komparativ	Superlativ
gut	besser	am besten
gern	lieber	am liebsten
viel	mehr	am meisten

	Adjektiv als Ergänzung zum Verb sein	*Artikel + Adjektiv + Nomen*
	Der Opel ist schnell.	Der Opel ist ein schnelles Auto.
Komparativ	Der Fiat ist schneller.	Der Fiat ist das schnellere Auto. ein schnelleres Auto.
Superlativ	Der Renault ist am schnellsten	Der Renault ist das schnellste Auto.

§ 19 Vergleiche

a) Ohne Steigerung

Der Opel ist	so schnell	wie	der Ford.	
Der Opel ist	genauso schnell	wie	der Ford.	
Der Opel ist	fast so schnell	wie	der Ford.	so + *Adjektiv* + wie
Der Opel ist	nicht so schnell	wie	der Ford.	
Der Opel ist	nicht so schnell,	wie	der Verkäufer gesagt hat.	

b) Mit Steigerung (Komparativ)

Der Fiat ist		schneller als	der Opel.	
Der Fiat ist	etwas	schneller als	der Opel.	*Adjektiv im*
Der Renault ist	viel	schneller als	der Opel.	*Komparativ* + als
Der Fiat ist	nicht	schneller als	der Renault.	
Der Renault ist	viel	schneller, als	der Verkäufer gesagt hat.	

§ 20 Ordinalzahlen

der 1. Mai	der	ers te	Mai	*Endungen: wie die*
die 2. Stelle	die	zwei te	Stelle	*Adjektivendungen,*
das 3. Kind	das	drit te	Kind	*siehe § 16!*
Ulm, den 4. Juni	den	vier ten	Juni	
im 5. Lebensjahr	im	fünf ten	Lebensjahr	
am 6. August	am	sechs ten	August	
im 7. Monat	im	sieb ten	Monat	

...

der 20. Mai	der	zwanzig ste	Mai
am 21. Juni	am	einundzwanzig sten	Juni
sein 100. Kunde	sein	hundert ster	Kunde
die 101. Frage	die	hunderter ste	Frage
das 1000. Mitglied	das	tausend ste	Mitglied

Pronomen

§ 21 Personalpronomen

		Nominativ	Akkusativ	Dativ
Singular	1. Person	ich	mich	mir
	2. Person	du	dich	dir
	Höflichkeitsform	Sie	Sie	Ihnen
	3. Person Mask	er	ihn	ihm
	Fem.	sie	sie	ihr
	Neutr.	es	es	ihm
Plural	1. Person	wir	uns	uns
	2. Person	ihr	euch	euch
	Höflichkeitsform	Sie	Sie	Ihnen
	3. Person	sie	sie	ihnen

§ 22 Definitpronomen

	definiter Artikel		Definitpronomen	
			Nominativ	Akkusativ
Maskulinum	der	Schrank	der	den
Femininum	die	Kommode	die	die
Neutrum	das	Regal	das	das
Plural	die	Stühle	die	die

Zum Vergleich:

Definiter Artikel – Definitpronomen – Personalpronomen

Der Schrank hier,   ist der nicht schön?   – Ja. Aber er ist teuer.
Die Kommode hier,   ist die nicht schön?   – Ja. Aber sie ist teuer.
Das Regal hier,   ist das nicht schön?   – Ja. Aber es ist teuer.

Siehst du den Schrank?   Wie findest du den?   Ich finde ihn schön.
Siehst du die Kommode?   Wie findest du die?   Ich finde sie schön.
Siehst du das Regal?   Wie findest du das?   Ich finde es schön.

§ 23 Indefinitpronomen

	indefiniter Artikel		Indefinitpronomen (positiv/negativ)	
			Nominativ	*Akkusativ*
Maskulinum	ein	Schrank	einer / keiner	einen / keinen
Femininum	eine	Kommode	eine / keine	eine / keine
Neutrum	ein	Regal	eins / keins	eins / keins
Plural	–	Stühle	welche / keine	welche / keine

Ist das <u>ein</u> Schrank? – Ja, das ist <u>einer</u>. / Nein, das ist <u>keiner</u>.

Haben Sie <u>einen</u> Schrank? – Ja, ich habe <u>einen</u>. / Nein, ich habe <u>keinen</u>.

 Plural: Haben Sie <u>Regale</u>? – Ja, ich habe <u>welche</u>. / Nein, ich habe <u>keine</u>.

§ 24 Generalisierende Indefinitpronomen

		Nominativ		*Akkusativ*	
Personen	positiv	Dort ist	jemand.	Ich sehe	jemanden.
	negativ	Dort ist	niemand.	Ich sehe	niemanden.
Sachen	positiv	Dort ist	etwas.	Ich sehe	etwas.
	negativ	Dort ist	nichts.	Ich sehe	nichts.

§ 25 Reflexivpronomen

Akkusativ				*Dativ*			
Ich	ärgere	mich	über die Sendung.	Ich	kaufe	mir	einen Fernseher.
Du	ärgerst	dich		Du	kaufst	dir	
Sie	ärgern	sich		Sie	kaufen	sich	
Er	ärgert	sich		Er	kauft	sich	
Sie	ärgert	sich		Sie	kauft	sich	
Es	ärgert	sich		Es	kauft	sich	
Wir	ärgern	uns		Wir	kaufen	uns	
Ihr	ärgert	euch		Ihr	kauft	euch	
Sie	ärgern	sich		Sie	kaufen	sich	
Sie	ärgern	sich		Sie	kaufen	sich	

Er ärgert <u>sich</u>.
≠ Er ärgert <u>ihn</u>.

Er kauft <u>sich</u> einen Fernseher.
≠ Er kauft <u>ihm</u> einen Fernseher.

§ 26 Präpositionalpronomen (Pronominaladverbien)

bei Sachen:
Worüber ärgerst du dich?
Ich ärgere mich über den Film.
Ich ärgere mich darüber.

bei Personen:
Über wen ärgerst du dich?
Ich ärgere mich über den Moderator.
Ich ärgere mich über ihn.

	Fragewort: wo + *Präposition*	*Pronomen* da + *Präposition*		*Präposition* + *Fragewort*	*Präposition* + *Pronomen*
für:	wofür?	dafür		für wen?	für ihn / für sie
mit:	womit?	damit?		mit wem?	mit ihm / mit ihr
...					
auf:	worauf?	darauf?		auf wen?	auf ihn / auf sie
über:	worüber?	darüber		über wen?	über ihn / über sie

Verben mit Präpositionalergänzung: siehe §§ 68 und 69.

Präpositionen

§ 27 Lokale Präpositionen

vor neben an hinter von nach

unter in auf über gegen

aus zu um durch zwischen

§ 28 Wechselpräpositionen

a) Zum Vergleich:

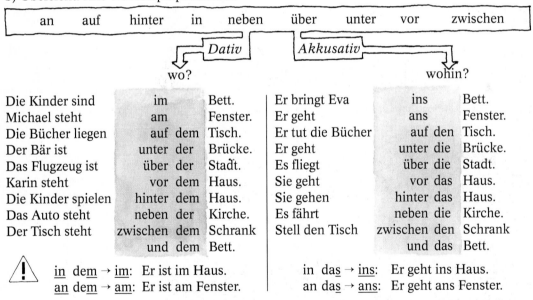

Wo? (situativ)

Wo ist Michael?	Er ist	auf dem Balkon.
	Er ist	an der Tür.
	Er ist	in dem Haus.

auf / an / in + *Dativ*

⚠ in de**m** → i**m**: (Er ist in dem Haus.) → Er ist **im** Haus.
an de**m** → a**m**: (Er ist an dem Fenster.) → Er ist **am** Fenster.

Wohin? (direktiv)

Wohin geht Michael?	Er geht	auf den Balkon.
	Er geht	an die Tür
	Er geht	in das Haus.

auf / an / in + *Akkusativ*

⚠ in da**s** → in**s**: (Er geht in das Haus.) → Er geht **ins** Haus.
an da**s** → an**s**: (Er geht an das Fenster.) → Er geht **ans** Fenster.

b) Übersicht: Alle Wechselpräpositionen

| an | auf | hinter | in | neben | über | unter | vor | zwischen |

Dativ → **wo?**   Akkusativ → **wohin?**

wo?			wohin?		
Die Kinder sind	im	Bett.	Er bringt Eva	ins	Bett.
Michael steht	am	Fenster.	Er geht	ans	Fenster.
Die Bücher liegen	auf dem	Tisch.	Er tut die Bücher	auf den	Tisch.
Der Bär ist	unter der	Brücke.	Er geht	unter die	Brücke.
Das Flugzeug ist	über der	Stadt.	Es fliegt	über die	Stadt.
Karin steht	vor dem	Haus.	Sie geht	vor das	Haus.
Die Kinder spielen	hinter dem	Haus.	Sie gehen	hinter das	Haus.
Das Auto steht	neben der	Kirche.	Es fährt	neben die	Kirche.
Der Tisch steht	zwischen dem	Schrank	Stell den Tisch	zwischen den	Schrank
	und dem	Bett.		und das	Bett.

⚠ in de**m** → i**m**: Er ist im Haus.   in da**s** → in**s**: Er geht ins Haus.
an de**m** → a**m**: Er ist am Fenster.   an da**s** → an**s**: Er geht ans Fenster.

§ 29 Präpositionen mit Dativ

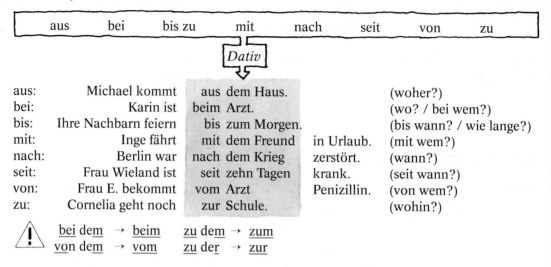

aus	bei	bis zu	mit	nach	seit	von	zu

Dativ

aus:	Michael kommt	aus dem Haus.		(woher?)
bei:	Karin ist	beim Arzt.		(wo? / bei wem?)
bis:	Ihre Nachbarn feiern	bis zum Morgen.		(bis wann? / wie lange?)
mit:	Inge fährt	mit dem Freund	in Urlaub.	(mit wem?)
nach:	Berlin war	nach dem Krieg	zerstört.	(wann?)
seit:	Frau Wieland ist	seit zehn Tagen	krank.	(seit wann?)
von:	Frau E. bekommt	vom Arzt	Penizillin.	(von wem?)
zu:	Cornelia geht noch	zur Schule.		(wohin?)

⚠ bei dem → beim zu dem → zum
   von dem → vom   zu der → zur

§ 30 Präpositionen mit Akkusativ

durch	für	gegen	ohne	um

Akkusativ

durch:	Michael fährt	durch die Stadt.	(wie?)
für:	Die Kommode ist	für den Flur.	(wofür?)
gegen:	Karin nimmt eine Tablette	gegen die Kopfschmerzen.	(wogegen?)
ohne:	Inge fährt	ohne den Freund in Urlaub.	(ohne wen?)
um:	Es gibt einen Wanderweg	um den Bodensee.	(wo?)

§ 31 Die Uhrzeit

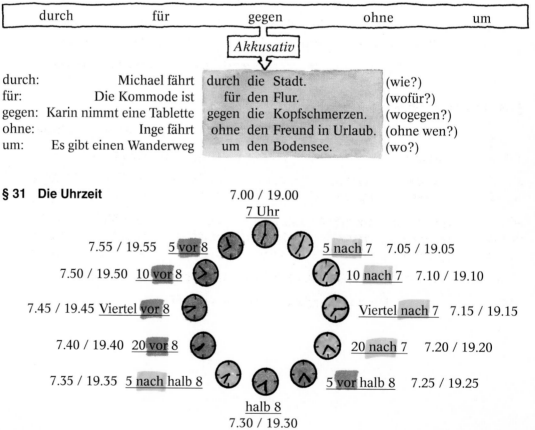

7.00 / 19.00
7 Uhr

7.55 / 19.55 5 vor 8

5 nach 7 7.05 / 19.05

7.50 / 19.50 10 vor 8

10 nach 7 7.10 / 19.10

7.45 / 19.45 Viertel vor 8

Viertel nach 7 7.15 / 19.15

7.40 / 19.40 20 vor 8

20 nach 7 7.20 / 19.20

7.35 / 19.35 5 nach halb 8

5 vor halb 8 7.25 / 19.25

halb 8
7.30 / 19.30

Wie spät	ist es?	Es ist	halb drei.
Wieviel Uhr			fünf nach halb drei.
			Viertel vor drei.

Wann	kommst du?	Ich komme um	neun Uhr.
Um wieviel Uhr			fünf nach neun.
			Viertel nach neun.

Verb

§ 32 Personalpronomen und Verb

Singular	*1. Person*		ich	wohne	**-e**	arbeite	heiße
	2. Person		du	wohnst	**-st**	arbeitest	heißt
	Höflichkeitsform		Sie	wohnen	-en	arbeiten	heißen
	3. Person Mask.		er				
	Fem.		sie	wohnt	**-t**	arbeitet	heißt
	Neutr.		es				
Plural	*1. Person*		wir	wohnen	**-en**	arbeiten	heißen
	2. Person		ihr	wohnt	**-t**	arbeitet	heißt
	Höflichkeitsform		Sie	wohnen	-en	arbeiten	heißen
	3. Person		sie	wohnen	**-en**	arbeiten	heißen

§ 33 Verben mit Vokalwechsel

	sprechen	nehmen	essen	sehen	schlafen	laufen
ich	spreche	nehme	esse	sehe	schlafe	laufe
du	sprichst	nimmst	ißt	siehst	schläfst	läufst
er/sie/es	spricht	nimmt	ißt	sieht	schläft	läuft
wir	sprechen	nehmen	essen	sehen	schlafen	laufen
ihr	sprecht	nehmt	eßt	seht	schlaft	lauft
sie/Sie	sprechen	nehmen	essen	sehen	schlafen	laufen

ebenso: helfen, messen, lesen, fahren, geben, vergessen, empfehlen, fallen …

⚠ *Angaben zum Vokalwechsel im Wörterverzeichnis!*

§ 34 „sein", „haben", „tun", „werden", „mögen", „wissen"

	sein	haben	tun	werden	mögen	wissen
ich	bin	habe	tue	werde	mag	weiß
du	bist	hast	tust	wirst	magst	weißt
er/sie/es	ist	hat	tut	wird	mag	weiß
wir	sind	haben	tun	werden	mögen	wissen
ihr	seid	habt	tut	werdet	mögt	wißt
sie/Sie	sind	haben	tun	werden	mögen	wissen

§ 35 Modalverben

	möchten	können	dürfen	müssen	wollen	sollen
ich	möchte	kann	darf	muß	will	soll
du	möchtest	kannst	darfst	mußt	willst	sollst
er/sie/es	möchte	kann	darf	muß	will	soll
wir	möchten	können	dürfen	müssen	wollen	sollen
ihr	möchtet	könnt	dürft	müßt	wollt	sollt
sie/Sie	möchten	können	dürfen	müssen	wollen	sollen

§ 36 Imperativ

	kommen	warten	nehmen	anfangen	sein
Sie:	Kommen Sie!	Warten Sie!	Nehmen Sie!	Fangen Sie an!	Seien Sie …!
du:	Komm!	Warte!	Nimm!	Fang an!	Sei …!
ihr:	Kommt!	Wartet!	Nehmt!	Fangt an!	Seid …!

§ 37 Verben mit trennbarem Verbzusatz

Er muß das Zimmer auf räumen.   Er räumt das Zimmer auf.
Er hat das Zimmer auf geräumt.   Räum das Zimmer auf!

Verbzusatz (betont)

abfahren	anfangen	aufhören	aussehen	einkaufen	fernsehen
herstellen	hinfallen	mitbringen	nachdenken	spazierengehen	stattfinden
umziehen	vorhaben	wegfahren	weitersuchen	zuhören	zurückbringen

§ 38 Perfekt: Hilfsverb und Partizip II

Was	**hast**	du	**gemacht** ?
Was	**ist**	denn	**passiert** ?

↑   ↑

Hilfsverb   +   *Partizip II*
haben/sein

ich	habe	gespielt	bin	gekommen
du	hast	gespielt	bist	gekommen
er/sie/es	hat	gespielt	ist	gekommen
wir	haben	gespielt	sind	gekommen
ihr	habt	gespielt	seid	gekommen
sie/Sie	haben	gespielt	sind	gekommen

§ 39 Perfekt mit „haben" oder „sein": Partizipformen

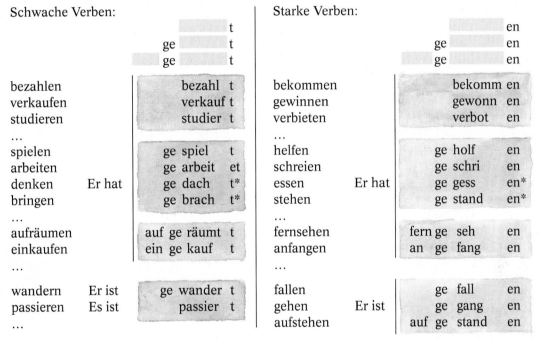

Schwache Verben:

		t
	ge	t
	ge	t

bezahlen		bezahl t
verkaufen		verkauf t
studieren		studier t
…		
spielen		ge spiel t
arbeiten		ge arbeit et
denken	Er hat	ge dach t*
bringen		ge brach t*
…		
aufräumen		auf ge räumt t
einkaufen		ein ge kauf t
…		
wandern	Er ist	ge wander t
passieren	Es ist	passier t
…		

Starke Verben:

		en
	ge	en
	ge	en

bekommen		bekomm en
gewinnen		gewonn en
verbieten		verbot en
…		
helfen		ge holf en
schreien		ge schri en
essen	Er hat	ge gess en*
stehen		ge stand en*
…		
fernsehen		fern ge seh en
anfangen		an ge fang en
…		
fallen		ge fall en
gehen	Er ist	ge gang en
aufstehen		auf ge stand en

⚠ ** unregelmäßige Formen: → Wortliste S. 227*

§ 40 Präteritum: „haben", „sein"

	haben	sein
ich	hatte	war
du	hattest	warst
er/sie/es	hatte	war
wir	hatten	waren
ihr	hattet	wart
sie/Sie	hatten	waren

Zum Vergleich: Präteritum / Perfekt

Er <u>hatte</u> einen Unfall.	*(Präteritum)*
Er <u>hat</u> einen Unfall <u>gehabt</u>.	*(Perfekt)*
Er <u>war</u> in Italien.	*(Präteritum)*
Er <u>ist</u> in Italien <u>gewesen</u>.	*(Perfekt)*

§ 41 Präteritum

a) Schwache Verben, Modalverben, unregelmäßige Verben

	sagen	Trennbare Verben abholen	Verbstamm auf -t- / -d- arbeiten	baden
ich	sagte	holte…ab	arbeitete	badete
du	sagtest	holtest…ab	arbeitetest	badetest
Sie	sagten	holten…ab	arbeiteten	badeten
er / sie / es	sagte	holte…ab	arbeitete	badete
wir	sagten	holten…ab	arbeiteten	badeten
ihr	sagtet	holtet…ab	arbeitetet	badetet
Sie	sagten	holten…ab	arbeiteten	badeten
sie	sagten	holten…ab	arbeiteten	badeten

ich	-te
du	-test
Sie	-ten
er / sie / es	-te
wir	-ten
ihr	-tet
Sie	-ten
sie	-ten

Modalverben

	wollen	sollen	können	dürfen	müssen
ich	wollte	sollte	konnte	durfte	mußte
du	wolltest	solltest	konntest	durftest	mußtest
er / sie / es	wollte	sollte	konnte	durfte	mußte
wir	wollten	sollten	konnten	durften	mußten
ihr	wolltet	solltet	konntet	durftet	mußtet
sie / Sie	wollten	sollten	konnten	durften	mußten

Unregelmäßige Verben

	kennen	denken	bringen	wissen	werden	mögen
ich	kannte	dachte	brachte	wußte	wurde	mochte
du	kanntest	dachtest	brachtest	wußtest	wurdest	mochtest
er / sie / es	kannte	dachte	brachte	wußte	wurde	mochte
wir	kannten	dachten	brachten	wußten	wurden	mochten
ihr	kanntet	dachtet	brachtet	wußtet	wurdet	mochtet
sie / Sie	kannten	dachten	brachten	wußten	wurden	mochten

auch
nennen

b) Starke Verben

	kommen	sein	Trennbare Verben anfangen	tun *Verbstamm auf -t- / -d-*	stehen		
ich	kam	war	fing…an	tat	stand	ich	-
du	kamst	warst	fingst…an	tatest	standest	du	-st
Sie	kamen	waren	fingen…an	taten	standen	Sie	-en
er / sie / es	kam	war	fing…an	tat	stand	er/sie/es	-
wir	kamen	waren	fingen…an	taten	standen	wir	-en
ihr	kamt	wart	fingt…an	tatet	standet	ihr	-t
Sie	kamen	waren	fingen…an	taten	standen	Sie	-en
sie	kamen	waren	fingen…an	taten	standen	sie	-en

Unregelmäßige und starke Verben:

Die Form für Präteritum finden Sie in der alphabetischen Wortliste (Seiten 227 ff.)
vor der Perfektform des Verbs:
kommen *(Dir)* kam, ist gekommen

§ 42 Passiv

Passiv:	werden	+	*Partizip II*		*Zum Vergleich: Aktiv*		
<u>Der Motor</u>	wird		geprüft.		<u>Man</u>	prüft	<u>den Motor.</u>
<u>Das Blech</u>	wird	von Robotern	geschnitten.		<u>Roboter</u>	schneiden	<u>das Blech.</u>
↑					↑		↑
Subjekt					*Subjekt*		*Akkusativergänzung*

	Präsens		*Präteritum*	
ich	werde	geholt	wurde	geholt
du	wirst	geholt	wurdest	geholt
er / sie / es	wird	geholt	wurde	geholt
wir	werden	geholt	wurden	geholt
ihr	werdet	geholt	wurdet	geholt
sie / Sie	werden	geholt	wurden	geholt

werden ≠ werden:	Peter wird Lehrer.	werden + *Nomen*
	Der Motor wird lauter.	werden + *Adjektiv*
	Sabine würde kommen, wenn…	würde + *Infinitiv = Konjunktiv II*
	Der Motor wird geprüft.	werden + *Partizip II = Passiv*

§ 43 Konjunktiv II

Konjunktiv II:

Möglichkeit, Wunsch;	*Zum Vergleich:*
nicht Realität	*Präsens: Realität*

Er würde nach Hause   kommen.   Er kommt nach Hause.
Er würde gern Theater spielen.   Er spielt gern Theater.
Er würde sie   abholen.   Er holt sie ab.
Sie wäre   glücklich.   Sie ist glücklich.
Sie hätte keine Probleme.   Sie hat keine Probleme.
Sie könnte ihn   einladen.   Sie kann ihn einladen.

	sein	haben	können	dürfen	müssen	sollen	wollen
ich	wäre	hätte	könnte	dürfte	müßte	sollte	wollte
du	wärst	hättest	könntest	dürftest	müßtest	solltest	wolltest
er / sie / es	wäre	hätte	könnte	dürfte	müßte	sollte	wollte
wir	wären	hätten	könnten	dürften	müßten	sollten	wollten
ihr	wärt	hättet	könntet	dürftet	müßtet	solltet	wolltet
sie / Sie	wären	hätten	könnten	dürften	müßten	sollten	wollten

⚠ *Vgl. Präteritum:*

	sein	haben	können	dürfen	müssen	sollen	wollen
ich	war	hatte	konnte	durfte	mußte	sollte	wollte

Andere Verben: würde + *Infinitiv*

	sagen	kommen	abholen
ich	würde... sagen	würde... kommen	würde... abholen
du	würdest... sagen	würdest... kommen	würdest... abholen
er / sie / es	würde... sagen	würde... kommen	würde... abholen
wir	würden... sagen	würden... kommen	würden... abholen
ihr	würdet... sagen	würdet... kommen	würdet... abholen
sie / Sie	würden... sagen	würden... kommen	würden... abholen

Satzstrukturen

§ 44 Wortfrage

Vorfeld	Verb	Subjekt	Angabe	Ergänzung
Wer	ist	Herr Müller?		
Wer	ist	das?		
Wie	heißen	Sie?		
Woher	kommen	Sie?		
Wo	wohnen	Sie?		

§ 45 Satzfrage

Vorfeld	Verb	Subjekt	Angabe	Ergänzung
bleibt leer!	Ist	das		Maja Matter?
	Ist	Maja		verheiratet?
	Wohnt	sie		in Brienz?
	Hat	sie	auch	zwei Kinder?
	Sind	die Kinder	noch	klein?

§ 46 Aussagesatz

a) Im Vorfeld: Subjekt

Vorfeld	Verb	Subjekt	Angabe	Ergänzung
Das	ist			Frau Wiechert.
Sie	kommt			aus Dortmund.
Herr Kaiser	ißt		morgens	ein Brötchen.
Er	trinkt		danach	einen Kaffee.
Ich	esse		oft	Fisch.
Ich	trinke		gern	Kaffee.

b) Im Vorfeld: Angabe

Vorfeld	Verb	Subjekt	Angabe	Ergänzung
Morgens	ißt	Herr K.		ein Brötchen.
Danach	trinkt	er		einen Kaffee.

c) Im Vorfeld: Ergänzung

Vorfeld	Verb	Subjekt	Angabe	Ergänzung
Fisch	esse	ich	oft.	
Kaffee	trinke	ich	gern.	

§ 47 Imperativ

Vorfeld	Verb	Subjekt	Angabe	Ergänzung
bleibt leer!	Nehmen	Sie	doch noch	etwas Fisch!
	Nimm		doch noch	etwas Fleisch!
	Nehmt		doch noch	einen Tee!

§ 48 Modalverben

Vorfeld	Verb$_1$	Subj.	Angabe	Ergänzung	Verb$_2$
Man	kann		hier	einen Film	sehen.
Hier	darf	man	nicht		rauchen.
Wir	müssen		noch eine Stunde		warten.
Rauchen	darf	man	hier nicht.		

↑ Modalverb   ↑ Infinitiv

§ 49 Verben mit trennbarem Verbzusatz

Vorfeld	Verb$_1$	Subj.	Angabe	Ergänzung	Verb$_2$
Willi	bereitet	hier	um acht Uhr	das Frühstück	vor.
Jetzt	steht	Ilona			auf.
Klaus	sieht		heute abend		fern.

↑ Verbzusatz

Mit Modalverb:

Vorfeld	Verb$_1$	Subj.	Angabe	Ergänzung	Verb$_2$
Willi	muß		um acht Uhr	das Frühstück	vorbereiten.
Jetzt	muß	Ilona			aufstehen.
Klaus	möchte		heute abend		fernsehen.

§ 50 Perfekt

	Vorfeld	Verb$_1$	Subj.	Angabe	Ergänzung	Verb$_2$
Präsens:	Lisa	spielt			Fußball.	
	Plötzlich	fällt	sie			hin.
	Dann	steht	sie	wieder		auf.
	Der Arzt	kommt		auch.		
Perfekt:	Lisa	hat			Fußball	gespielt.
	Plötzlich	ist	sie			hingefallen.
	Dann	ist	sie		wieder	aufgestanden.
	Der Arzt	ist		auch		gekommen.

↑ haben/sein   ↑ Partizip II

§ 51 Verben mit zwei Ergänzungen

Vorfeld	Verb₁	Subj.	Ergänzung	Angabe	Ergänzung	Verb₂
Herr Winter	muß		Anna		in die Schule	bringen.
Um 7.50 Uhr	bringt	er	sie		in die Schule.	
Du	mußt		den Schal	immer	in den Schrank	tun.
	Tu		den Schal		in den Schrank!	
Die Mutter	kauft		dem Kind	heute	ein Fahrrad.	
Das Fahrrad	will	sie	ihm	morgen		schenken.

§ 52 Struktur des Nebensatzes

	Junktor	Vorfeld	Verb₁	Subj.	Erg.	Ang.	Ergänzung	Verb₂	Verb₁ im Nebensatz
Hauptsatz:		Sabine	möchte				Fotomodell	werden,	
Nebensätze:	weil			sie		dann	viel Geld		verdient.
	weil			sie		dann	schöne Kleider	tragen	kann.
	weil			Gabi	ihr		diesen Beruf	empfohlen	hat.

↑
Subjunktor

§ 53 Nebensatz im Vorfeld

	Junktor	Vorfeld	Verb₁	Subj.	Erg.	Ang.	Ergänzung	Verb₂	Verb₁ im Nebensatz
Hauptsatz:		Sabine	will				viel Geld	verdienen.	
Nebensatz:	Weil			sie			viel Geld	verdienen	will,
Hauptsatz:			möchte	sie			Fotomodell	werden.	
Nebensatz:	Obwohl			sie			viel Geld	verdient,	
Hauptsatz:			ist	sie			unzufrieden.		

§ 54 Subjunktoren

als	Der Wagen ist schneller, <u>als</u> der Verkäufer gesagt hat.
bis	Peter muß noch ein Jahr warten, <u>bis</u> er sein Abitur hat.
daß	Ich weiß, <u>daß</u> dein Mann Helmut heißt.
obwohl	Sie ist zufrieden, <u>obwohl</u> sie nicht viel Geld verdient.
weil	Gabi möchte Sportlerin werden, <u>weil</u> sie die Schnellste in der Klasse ist.
wenn	<u>Wenn</u> du mit mir gehen würdest, dann wärst du nicht mehr allein.
wie	Das Auto ist nicht so schnell, <u>wie</u> der Verkäufer gesagt hat.

§ 55 Konjunktoren

Junktor	Vorfeld	Verb₁	Subj.	Erg.	Angabe	Ergänzung	Verb₂
	Vera	ist				Psychologin	geworden,
denn	das	ist				ein schöner Beruf.	
	Vera	hat				wenig Geld,	
und	deshalb	wohnt	sie		noch	bei ihren Eltern.	
	Vera	sucht			schon zwei Monate,		
aber	sie	hat				noch keine Stelle	gefunden.

aber	Ich habe zwanzig Bewerbungen geschrieben, <u>aber</u> immer war die Antwort negativ.
denn	Eine Wohnung ist ihr zu teuer, <u>denn</u> vom Arbeitsamt bekommt sie kein Geld.
oder	Manfred kann noch ein Jahr zur Schule gehen, <u>oder</u> er kann eine Lehre machen.
sondern	Manfred studiert nicht, <u>sondern</u> er macht eine Lehre.
und	Man sucht vor allem Leute mit Berufserfahrung, <u>und</u> die habe ich noch nicht.

 Konjunktoren stehen zwischen zwei Hauptsätzen.

§ 56 Infinitivsatz mit „zu"

	Vorfeld	Verb₁	Subj.	Erg.	Angabe	Ergänzung	Verb₂
Hauptsätze:	Sie	möchte		sich	nicht	über ihren Mann	ärgern.
	Sie	sollte			weniger		rauchen.
	Sie	möchte					abnehmen.
Infinitivsätze mit zu:	Sie	versucht,					
				sich	nicht	über ihren Mann	zu ärgern.
	Sie	hat				keine Lust,	
					weniger		zu rauchen.
	Sie	hat				keine Zeit	
							abzunehmen.

Verben und Ausdrücke vor Infinitiv mit zu:

versuchen	(etwas) <u>zu</u> tun
vergessen	
helfen	
Lust haben	
Zeit haben	
...	

 Verben mit trennbarem Verbzusatz:

Infinitiv:	Partizip Perfekt:	Infinitiv mit zu:
abnehmen	abgenommen	ab<u>zu</u>nehmen
einladen	eingeladen	ein<u>zu</u>laden
...	...	...

§ 57 Nebensatz mit „daß"

	Junktor	Vorf.	Verb₁	Subj.	Erg.	Angabe	Ergänz.	Verb₂	Verb₁ im Nebensatz
Hauptsätze:		Ich er	weiß, heißt				Helmut.		
		Ich sie	glaube, hat	ihn		im Urlaub		kennengelernt.	
Nebensätze:			Stimmt	es, sie				geheiratet	hat?
	(daß)								
		Ich	weiß,						
	(daß)			er			Helmut		heißt.
		Ich	glaube,						
	(daß)			sie	ihn	im Urlaub		kennengelernt	hat.

Verben vor einem daß *-Satz oder einem Hauptsatz:*   ⚠ *Nur vor einem* daß *-Satz:*

sagen	gehört haben	meinen	hoffen	finden	dafür sein
wissen	der Meinung sein	glauben	überzeugt sein		dagegen sein

§ 58 Übersicht: Verbindung von zwei Sätzen

a) Durch Subjunktoren: Hauptsatz und Nebensatz

Junktor	Vorfeld	Verb₁	Subj.	Angabe	Ergänzung	Verb₂	Verb₁ im Nebensatz
	Vom Arbeitsamt	bekommt	sie		kein Geld,		
(weil)			sie	noch nie	eine Stelle		hatte.
(Obwohl)			sie	schon	27 Jahre alt		ist,
		wohnt	sie	immer noch	bei ihren Eltern.		

⚠ *Subjunktoren: siehe § 54! Subjunktoren stehen vor einem Nebensatz.*

b) Durch Konjunktoren: zwei Hauptsätze

Junktor	Vorfeld	Verb₁	Subj.	Angabe	Ergänzung	Verb₂
	Die Arbeit dort	ist			ganz interessant,	
aber	mein Traumjob	ist	das	nicht.		
	Vera	würde		gern	eine Wohnung	suchen,
denn	sie	ist		schon	27 Jahre alt.	

⚠ *Konjunktoren: siehe § 55! Konjunktoren stehen zwischen zwei Hauptsätzen.*

c) Durch Angabewörter: zwei Hauptsätze

Junktor	Vorfeld	Verb₁	Subj.	Angabe	Ergänzung	Verb₂
	Man	muß			besser	sein,
dann		findet	man	schon	eine Stelle.	
	Vom Arbeitsamt	bekommt	sie		kein Geld,	
deshalb		wohnt	sie	noch	bei ihren Eltern.	

 Angabewörter z.B.: also, daher, dann, deshalb, trotzdem …

Wenn Angabewörter zwei Sätze verbinden sollen, stehen sie im Vorfeld des zweiten Satzes.

Verben und Ergänzungen

§ 59   Verben ohne Ergänzung

aufstehen	schlafen		
aufwachen	schreien	**Wer?**	schreit?
einschlafen	sterben	**Was?**	wächst
			stirbt?
hinfallen	wachsen	Das Kind	schreit.
passieren	weinen	Die Blume	wächst.
radfahren	wiederkommen	Der Mann	stirbt.

↑
Subjekt

§ 60   Verben mit Ergänzung im Nominativ (Einordnung, Gleichsetzung, Qualität)

Wer?	sein	Wer ist das?
Was?	sein	Was ist er?
	werden	Was wird er?
Wie?	heißen	Wie heißt sie?
	sein	Wie ist sie?
	aussehen	Wie sieht sie aus?

Hans Müller	sein	Das	ist	Hans Müller.
Ingenieur	sein	Er	ist	Ingenieur.
Landwirt	werden	Er	wird	Landwirt.
Maja Matter	heißen	Sie	heißt	Maja Matter.
verheiratet	sein	Sie	ist	verheiratet.
gut	aussehen	Sie	sieht	gut aus.

§ 61 Verben mit Akkusativergänzung

Was?	essen nehmen	Was ißt er Was nimmt er?
Wen?	bedienen treffen	Wen bedient sie? Wen trifft sie?

einen Salat	essen	Er	ißt	einen Salat.
eine Suppe	nehmen	Er	nimmt	eine Suppe.
einen Gast	bedienen	Sie	bedient	einen Gast.
einen Freund	treffen	Sie	trifft	einen Freund.

Weitere Verben mit Akkusativergänzung:
anrufen, anziehen, aufräumen, bekommen, brauchen, einladen, erkennen, erledigen, finden, haben, holen, kaufen, kennen, kosten, lesen, lieben, mitnehmen, reparieren, schneiden, sehen, suchen, tragen, trinken, vergessen, wissen

⚠ es gibt + *Akkusativ*: Es gibt heute keinen Fisch.

§ 62 Verben mit Dativergänzung

Wem?	antworten fehlen gehören	Wem antwortet er? Wem fehlt sie? Wem gehört das?

dem Lehrer	antworten	Er	antwortet	dem Lehrer.
ihm	fehlen	Sie	fehlt	ihm.
dir	gehören	Das	gehört	dir.

Weitere Verben mit Dativergänzung:
gefallen, helfen, passen, reichen, schmecken

§ 63 Verben mit Dativergänzung und Akkusativergänzung

Wem?	Was?	geben schenken zeigen erklären	Wem gibt er was? Wem schenkt sie was? Wem zeigt er was? Wem erklärt er was?

dem Freund	das Buch	geben	Er	gibt	dem Freund	das Buch.
ihm	eine Platte	schenken	Sie	schenkt	ihm	eine Platte.
der Frau	den Weg	zeigen	Er	zeigt	der Frau	den Weg.
ihr	das Problem	erklären	Er	erklärt	ihr	das Problem.

Weitere Verben mit Dativergänzung und Akkusativergänzung:
bringen, leihen, empfehlen, verbieten

§ 64   Verben mit Situativergänzung

Wo?	sein	Wo ist er?
	wohnen	Wo wohnt er?
	stehen	Wo steht er?
	liegen	Wo liegt er?
	sitzen	Wo sitzt sie?

in Deutschland	sein	Er	ist	in Deutschland.
in Berlin	wohnen	Er	wohnt	in Berlin.
vor der Post	stehen	Er	steht	vor der Post.
im Bett	liegen	Sie	liegt	im Bett.
auf dem Stuhl	sitzen	Sie	sitzt	auf dem Stuhl.

§ 65   Verben mit Direktivergänzung

Wohin?	gehen	Wohin geht sie?
	fahren	Wohin fährt er?
	fliegen	Wohin fliegt sie?
Woher?	kommen	Woher kommt sie?

zur Post	gehen	Sie	geht	zur Post.
nach Hause	fahren	Er	fährt	nach Hause.
nach Berlin	fliegen	Sie	fliegt	nach Berlin.
aus Köln	kommen	Sie	kommt	aus Köln.

§ 66   Verben mit Akkusativergänzung und Direktivergänzung

Was?	Wohin?	legen	Was legt er wohin?
		stellen	Was stellt sie wohin?
		tun	Was tut er wohin?
		bringen	Was bringt er wohin?
Wen?	Wohin?	bringen	Wen bringt er wohin?

das Kissen	auf den Stuhl	legen	Er	legt	das Kissen	auf den Stuhl.
die Tasche	auf den Tisch	stellen	Sie	stellt	die Tasche	auf den Tisch.
den Schal	in den Schrank	tun	Er	tut	den Schal	in den Schrank.
das Kind	zur Schule	bringen	Er	bringt	das Kind	zur Schule.

§ 67 Verben mit Verbativergänzung

	Was tun?	gehen	Was geht er tun?
Was?	Was tun?	lassen	Was läßt sie was tun?

das Auto	tanzen waschen	gehen lassen	Er Sie	geht läßt das Auto	tanzen. waschen.

§ 68 Verben mit Präpositionalergänzung + Akkusativ

An wen? Woran?	denken glauben	An wen denkt sie? Woran glaubt sie?

Auf wen? Worauf?	aufpassen sich freuen	Auf wen paßt sie auf? Worauf freut er sich?

Weitere Verben mit auf + *Akk.:* sich vorbereiten, warten

	Für wen? Wofür?	sein sich interessieren sorgen	Wofür ist sie? Für wen interessiert sie sich? Für wen sorgt er.
Was? Wen?	Für wen? Wofür?	ausgeben brauchen	Für wen gibt er was aus? Wofür braucht sie was?
	Gegen wen? Wogegen?	sein	Für wen ist das?

Über wen? Worüber?	sich freuen sich ärgern diskutieren	Worüber freut er sich? Worüber ärgert sie sich? Über wen diskutieren sie?

Weitere Verben mit über + *Akk.:* sich aufregen, sich beschweren, lachen, schimpfen

Um wen? Worum?	bitten sich kümmern sich bewerben	Worum hat er gebeten? Worum will sie sich kümmern? Worum bewirbt sie sich?

§ 69 Verben mit Präpositionalergänzung + Dativ

Mit wem? Womit?	beginnen sprechen spielen	Womit beginnt er? Mit wem hat er gesprochen? Womit spielt sie?

Weitere Verben mit mit + *Dativ:* aufhören, telefonieren, sich unterhalten

Wen?	Vor wem? Wovor?	warnen	Wovor hat sie wen gewarnt?
	Zu wem? Wozu?	gehören	Zu wem gehört er? Wozu gehört das?

Negation

§ 70 Negation mit „nicht" und mit „keine"

Negation mit nicht

Ich komme   nicht.
Der Stuhl ist   nicht da.
Ich trinke den Wein   nicht.

Negation mit kein

Ich habe   keine   Zeit.
Das ist   kein   Stuhl.
Ich trinke keinen   Wein.

Vorfeld	Verb	Subjekt	Ergänzung	Angabe	Ergänzung
Ich	komme			morgen nicht.	
Morgen	komme	ich		nicht.	
Ich	trinke		den Wein	nicht.	
Den Wein	trinke	ich		nicht.	
Heute	trinke	ich			keinen Wein.
Ich	habe			heute	keine Zeit.

Alphabetische Wortliste

à 179
ab 62
abend 53, 54, 83, 91
r Abend, -e 9, 40, 51, 72
abends 35, 55, 112
e Abendschule, -n 154
s Abenteuer, - 158
aber 14, 17, 26, 42, 58
ab·fahren fährt ab, fuhr
  ab, ist abgefahren 88
e Abfahrt, -en 98
r Abfall, ¨e 26
ab·heben Geld_A hob ab,
  hat abgehoben 95
ab·holen jmd_A / etw_A (Sit)
  86, 87, 89
s Abitur 148, 154, 176
ab·melden sich_A / jmd_A
  (von etw_D) 176
ab·nehmen nimmt ab,
  nahm ab, hat ab-
  genommen 182
s Abonnement, -s 188
e Abrechnung, -en 179
r Abschluß, Abschlüsse
  148, 149, 185
e Abschlußprüfung, -en
  154
s Abschlußzeugnis, -se
  150
r Abschnitt, -e 113, 149
ab·stellen etw_A 85
e Abteilung, -en 175
r Abzug, ¨e 179
ach 137, 156, 164, 168
e Achtung 52
e Adresse, -n 10, 90
s Aerobic, -s 158
aggressiv 183
ähnlich 29, 42
r Akademiker, - 150, 151
aktiv 174, 182
aktuell 112, 158
r Akzent, -e 120
r Alkohol 42, 61
all- 161, 166
alle 13, 30, 42, 67, 101
allein 87, 88, 89
alleine 188
e Allergie, -n 146, 147
alles 32, 66, 90, 103, 116
allgemein 69, 154
r Alltag 165
r Alltagstrott 165
als 37, 40
also 20, 53, 92, 96, 97
alt 14, 40, 58
s Alter 14, 138, 177
älter- 165

alternativ 68
s Altersheim, -e 190
amerikanisch 160
e Ampel, -n 104
s Amt, ¨er 166, 176
an 20, 28, 64, 72, 96
an·bieten jmd_D etw_A bot
  an, hat angeboten 151
ander- 72, 119, 120
ändern etw_A 141
anders 103, 120
r Anfang, ¨e 122, 185
an·fangen fängt an, fing
  an, hat angefangen 52,
  53, 114, 119
r Anfänger, - 79
e Angabe, -n 161
an·geben etw_A gibt an,
  gab an, hat angegeben
  155
s Angebot, -e 155
angenehm 138, 153
e / r Angestellte, -n (ein
  Angestellter) 139, 176
e Angst, ¨e 74, 89, 151
an·halten (etw_A) hält an,
  hielt an, hat angehalten
  88, 89
an·hören sich_D etw_A 166
an·kreuzen etw_A 71, 126
an·melden sich_A / jmd_A
  (Sit) 176
an·nähen etw_A 85
an·rufen jmd_A rief an,
  hat angerufen 62, 75,
  85, 89, 109
r Anrufer, - 162
an·schaffen etw_A 185
e Anschaffung, -en 185
an·schauen jmd_A / etw_A
  63, 99
an·schließen etw_A schloß
  an, hat angeschlossen
  90, 91, 113
an·sehen jmd_A / etw_A
  sieht an, sah an, hat
  angesehen 54, 91
e Ansichtskarte, -n 55
an·stellen etw_A 85
anstrengend 146, 176
e Antenne, -n 64, 112
s Antibiotikum,
  Antibiotika 72
e Antwort, -en 31, 72
antworten jmd_D (auf etw_A)
  31, 36, 54, 109
e Anweisung, -en 160
e Anzeige, -n 41, 113
an·ziehen sich_A / jmd_A;

(sich_D) / jmd_D etw_A zog
  an, hat angezogen 51,
  86
r Anzug, ¨e 136, 137
r Apfel, ¨ 37, 41
e Apotheke, -n 72, 93, 94
r Apparat, -e 26, 28, 115
s Appartement, -s 64, 126
r Appetit 80
e Arbeit, -en 39, 50, 58
arbeiten 13, 20, 47, 54
r Arbeiter, - 174
r Arbeitgeber, - 139, 140
r Arbeitnehmer, - 176
r Arbeitnehmeranteil, -e
  179
s Arbeitsamt, ¨er 139,
  151, 152
arbeitslos 103, 139, 151
e / r Arbeitslose, -n (ein
  Arbeitsloser) 139, 161
s Arbeitslosengeld 139
r Arbeitsmarkt 155
e Architektur 102
r Ärger 66
ärgerlich 188
ärgern sich_A über etw_A /
  jmd_A 139, 161, 165
s Argument, -e 141
arm 69, 103
r Arm, -e 70
e Armee, -n 102
s Arzneimittel, - 95
e Arzthelferin, -nen 63
e Ärztin, -nen / r Arzt, ¨e
  15, 48, 69, 72, 114
r Asphalt 165
e Asphaltkarriere 165
e Asphaltkunst 165
r Astronaut, -en 145
astronomisch 122
e Atmosphäre 103, 153
attraktiv 114
auch 9, 29, 32, 42, 55, 63
auf 8, 47, 64, 95, 99
auf einmal 88, 89
auf jeden / keinen Fall
  155
auf·bauen etw_A 102
auf·bleiben blieb auf, ist
  aufgeblieben 187
e Aufgabe, -n 154
s Aufgabenfeld, -er 149
auf·hängen etw_A (Sit) 64
auf·hören (mit etw_D) 49,
  55
auf·machen etw_A 49
auf·nehmen jmd_A / etw_A
  (auf etw_A) nimmt auf,

nahm auf, hat aufge-
  nommen 113
auf·passen (auf jmd_A /
  etw_A) 123
auf·räumen etw_A 50, 54,
  70, 77, 81, 85, 86
auf·regen sich_A über etw_A
  161, 165, 187, 193
auf·schlagen etw_A
  schlägt auf, schlug auf,
  hat aufgeschlagen 97
r Aufschnitt 41
auf·stehen stand auf, ist
  aufgestanden 47, 70,
  77, 79, 106, 108
r Auftrag, ¨e 173
e Auftragsbestätigung, -en
  173
auf·wachen ist aufge-
  wacht 74, 88, 89
r Aufzug, ¨e 62
s Auge, -n 70
r Augenblick, -e 146
aus 13, 25
aus·bauen etw_A 173
e Ausbildung, -en 143,
  146, 176
r Ausflug, ¨e 52, 55, 67
e Ausgabe, -n 179
aus·geben Geld_A gibt
  aus, gab aus, hat aus-
  gegeben 48, 55
ausgerechnet 166
ausgezeichnet 153
aus·halten etw_A hält aus,
  hielt aus, hat ausge-
  halten 166
e Auskunft, ¨e 101
s Ausland 121
r Ausländer, - 13, 103
aus·machen etw_A 85
aus·packen etw_A 165
aus·ruhen sich_A (von
  etw_D) 165
e Aussage, -n 149
aus·schlafen schläft aus,
  schlief aus, hat ausge-
  schlafen 74
aus·sehen Adj sieht aus,
  sah aus, hat ausgesehen
  60
s Aussehen 139, 141
e Außenwand, ¨e 64
außerdem 82, 118, 125
außerhalb 63
aus·steigen (aus etw_D)
  (Sit) stieg aus, ist
  ausgestiegen 88, 99
aus·suchen (sich_D) etw_A 149

erst 17, 53
erst- 154
ersteigern *etw*_A 26
erstmal 188
erwachsen 162
e / r Erwachsene, -n (ein Erwachsener) 98
erzählen (*jmd*_D) *etw*_A 35, 37, 41, 76, 84
erziehen *jmd*_A erzog, hat erzogen 15
e Erziehung 191, 193
es 9, 25, 42
es stimmt 194
s Essen 40, 51, 79, 81
essen *etw*_A ißt, aß, hat gegessen 34, 47, 51
s Essensgeld 179
r Eßtisch, -e 58
e Ethik 149
etwa 13
etwas 40, 42, 100, 108
(s) Europa 120, 158, 176
europäisch 158
r Europapokal, -e 158
evangelisch 179
s Examen, - 151, 152
existieren 102
explosiv 158
r Export 42, 154
extra 158, 173, 177

Fa. = e Firma, Firmen 154
e Fabrik, -en 176
r Facharbeiter, - 177
s Fachgymnasium 148
e Fachhochschule, -n 148
r Fachmarkt, ⁻e 41
e Fachoberschule, -n 148
e Fachschule, -n 148
e Fähre, -n 124, 125
fahren (mit *etw*_D / *jmd*_D) *Dir* fährt, fuhr, ist gefahren 29, 67, 70, 78, 81, 89, 100
r Fahrer, - 172
s Fahrgeld 179
e Fahrkarte, -n 95, 101
r Fahrlehrer, - 162, 169, 176, 185
s Fahrlicht, -er 171, 172
r Fahrplan, ⁻e 101
s Fahrrad, ⁻er 81, 106, 111, 114
e Fahrschule, -n 169
r Fahrschüler, - 176
e Fahrt, -en 8, 99

r Fall, ⁻e 155, 158, 160
e Falle, -n 160
fallen *Adj* fällt, fiel, ist gefallen 82, 126
falsch 90, 102
e Familie, -n 63, 112, 179
r Familienname, -n 10
r Familienstand 14
fangen *etw*_A fängt, fing, hat gefangen 160
e Farbe, -n 90, 102
fast 42, 55, 98, 101
faulenzen 45
fehlen (*jmd*_D) 80, 103
fehlend- 131
r Fehler, - 30, 56, 90
e Feier, -n 109
r Feierabend, -e 114
feiern *etw*_A 55, 64, 70
e Feiertagsarbeit 179
fein 163
r Feind, -e 134
s Fenster, - 58, 64, 91
s Fensterbrett, -er 64
e Fernbedienung, -en 30
Fernseh- 26, 67, 98, 106
fern·sehen sieht fern, sah fern, hat ferngesehen 47, 70, 81, 112
s Fernsehen 54
r Fernseher, - 112
fertig sein 122
fest 62
s Festspiel, -e 126
fett 40
feucht 165
s Feuer 18
r Feuerwehrmann, -leute 177
s Feuerzeug, -e 106
s Fieber 50, 71, 74
r Film, -e 47, 54, 95, 106
filmen *etw*_A 112
s Finale, - 52
finden *etw*_A *Adj* fand, hat gefunden 60
r Finger, - 165
e Firma, Firmen 15, 90
r Fisch, -e 33, 35, 37, 126
e Flasche, -n 35, 41, 76
s Fleisch 33, 37, 47, 95
fliegen *Dir* flog, ist geflogen 100, 108
fließen *Dir* floß, ist geflossen 121, 125
flirten (mit *jmd*_D) 47, 67, 183, 184
r Flug, ⁻e 101
r Flughafen, ⁻ 101

e Fluglinie, -n 118
s Flugzeug, -e 101
r Flur, -e 57, 58, 59, 65
r Fluß, Flüsse 125
föderativ 120
folgend- 96
formen *etw*_A 175
e Forschung, -en 155
e Fortsetzung, -en 160
s Foto, -s 21, 52, 93, 113
r Fotograf, -en 16
fotografieren *etw*_A 17, 45, 55, 70, 106
e Frage, -n 72, 92, 96, 107, 118, 121
fragen (*jmd*_A) *etw*_A 10, 16, 29, 31, 54, 64
s Fragespiel, -e 193
(s) Frankreich 162
s Französisch 120
e Frau, -en 7, 21
frei 17, 54, 61, 101, 114
e Freiheit, -en 103
e Freizeit 50, 55, 114
e Freude 163
freuen 105
e Freundin, -nen / r Freund, -e 42, 51, 66, 75, 81
frisch 40, 74, 114
e Friseurin, -nen / r Friseur, -e 47
r Friseursalon, -s 146
frisieren *jmd*_A 47
e Frisur, -en 135, 139
e Frucht, ⁻e 37, 41
früh 53, 114
früher 102, 114
früher- 139
e Frühschicht 177
s Frühstück 41, 67, 86
frühstücken 47, 50, 79
fühlen *sich*_A *Adj* 191
führen *Prozeß*_A 139
r Führerschein, -e 109
funkeln 163
funktionieren 28
für 59, 61, 69, 74, 124
furchtbar 80
r Fuß, ⁻e 69, 70
r Fußball, ⁻e 17, 70, 108
r Fußboden, ⁻ 62
e Fußgängerzone, -n 165
füttern *Tier*_A 64, 85

e Gabel, -n 33
r Gangster, - 158
r Ganove, -n 158

ganz 32, 41, 72, 92, 110
gar nicht 32, 146, 166
e Garage, -n 62, 114
e Garderobe, -n 58
r Garten, ⁻ 62, 81, 114
s Gas, -e 176, 180
Gas geben 180
s Gaspedal, -e 180
r Gast, ⁻e 47, 58, 106, 123
r Gasthof, ⁻e 37
geb. = geborene 154, 186
s Gebäude, - 102, 122
geben *jmd*_D *etw*_A gibt, gab, hat gegeben 42, 89, 96, 119
geben: es gibt 149, 159
s Gebiet, -e 67, 120
geboren 20
gebrauchen *etw*_A 113
gebrochen 77, 84
e Geburt, -en 20
r Geburtstag, -e 18, 107
s Gedächtnis 131
r Gedanke, -n 164
e Geduld 176
geehrt- 154, 166
e Gefahr, -en 160
gefährlich 72
gefallen *jmd*_D gefällt, gefiel, hat gefallen 114
gegen 52, 55, 72
s Gehalt, ⁻er 153, 177
r Geheimagent, -en 158
gehen *Dir* ging, ist gegangen 9, 17, 30, 38, 70, 113, 119, 124
gehören zu *jmd*_D / *etw*_D 118, 124
gelb 133, 135, 136, 139
s Geld 27, 47, 114
gemeinsam 125
s Gemüse 33, 35, 37
gemütlich 68
genau 75
genauso 167, 185, 192
e Generation, -en 190
genießen *etw*_A genoß, hat genossen 185
genug 40, 66, 110
geöffnet 52
gerade 82
geradeaus 97, 104, 123
s Gerät, -e 112, 118, 179
geraten *in Gefahr* gerät, geriet, ist geraten 160
s Geräusch, -e 91
s Gericht, -e (1) 37, 40, 118, 160; (2) 64
e Germanistik 151

gern 36, 38, 42, 63, 108
e Gesamtschule, -n 148
s Geschäft, -e 28, 47, 64
Geschäfts- 103, 153, 166
r Geschäftsverkehr 167
geschehen geschieht, geschah, ist geschehen 158, 160
e Geschichte, -n (1) 76, 88; (2 [ohne Plural]) 102
geschieden 16, 108
r Geschirrspüler, - 25, 106
geschlossen 48, 52
e Geschwindigkeit, -en 170
s Geschwür, -e 72
gesellschaftswissenschaftlich 149
s Gesetz, -e 190
s Gesicht, -er 132, 135
s Gespräch, -e 11, 37
gestern 90, 92
gesund 69, 72, 114
e Gesundheit 69, 72, 114
s Gesundheitsmagazin, -e 72
geteilt 102
s Getränk, -e 37, 42, 95
r Getränkemarkt, ⸚e 94
getrennt 39
s Gewicht, -e 170
gewinnen (etw$_A$) gewann, hat gewonnen 84, 103
e Gewinnshow, -s 158
gewiß 142, 163
gewöhnlich 165, 191
s Gewürz, -e 41
gibt 155, 158, 162
gießen etw$_A$ goß, hat gegossen 81, 85
r Gipfel, - 163
s Glas, ⸚er 25, 33, 41, 105
glauben etw$_A$ 36, 58, 80
gleich 74, 89, 120, 149
gleich sein jmd$_D$ 140
s Glück 63
glücklich 61, 66, 114
r Glückwunsch, ⸚e 161
e Glühbirne, -n 21, 176
golden 163
e Goldmedaille, -n 144
r Gott (Götter) 19, 68
s Grad, -e 74
s Gramm, -e 41, 112
grau 103
e Grenze, -n 101, 121
(s) Griechisch 149

grillen etw$_A$ 64
e Grippe 71
groß 42, 52, 60, 102, 110
Großeltern (Plural) 189
größer 170
e Großmutter, ⸚er 181, 193
e Großstadt, ⸚e 114
r Großvater, ⸚ 181, 193
grün 42
r Grundkurs, -e 149
e Grundschule, -n 148
e Gruppe, -n 31, 101
e Gruppenarbeit 159
grüß dich 83
grüß Gott 123
r Gruß, ⸚e 55, 66
gucken (Dir) 61
günstig 63
e Gurke, -n 37, 41
gut 7, 15, 49, 75, 110
s Gut, ⸚er 69
gutbürgerlich 190
s Gymnasium, Gymnasien 148, 154, 192
e Gymnastik 52

s Haar, -e 135, 137, 139
s Haarspray, -s 146
haben etw$_A$ hat, hatte, hat gehabt 14, 42, 54
r Hafen, ⸚ 122
r Hahn, ⸚e 21, 23
s Hähnchen, - 35, 37
halb 51, 53, 84
Halbjahresleistungen (Plural) 149
s Hallenbad, ⸚er 67
hallo 158
r Hals, ⸚e 70, 72, 73, 105
halten: links halten hält, hielt, hat gehalten 104
e Haltestelle, -n 86
r Hamburger, - 35
e Hand, ⸚e 71
e Handbremse, -n 173
r Handschuh, -e 78
e Handtasche, -n 113
r Handwerker, - 90
hängen etw$_A$ Dir 184
hart 40, 74
hassen jmd$_A$ 183
häßlich 60
häufig 74
Haupt- 40, 118, 121
e Hauptschule, -n 148
s Haus, ⸚er 28, 62, 114, 123

Hausaufgaben (Plural) 87
r Hausbote, -n 156
e Hausfrau, -en 14, 63, 108
r Haushalt, -e 28
e Haushaltsführung 179
e Haushaltskasse, -n 179
r Hausmeister, - 62
s Haustier, -e 64
e Hauswirtschaft 149
s Heim, -e 66
e Heirat 119
heiraten (jmd$_A$) 82, 105
heiß 74
heißen Name$_N$ hieß, hat geheißen 7
e Heizung, -en 62, 85
hektisch 103
helfen jmd$_D$ (bei / mit etw$_D$) hilft, half, hat geholfen 74, 90, 107
hell 42, 58, 66, 110
hellicht- 158, 160
r Helm, -e 28
s Hemd, -en 129, 136
herb 42
r Herd, -e 22, 25, 26
r Herr, -en 7, 116
herrlich 55
her·stellen etw$_A$ 64, 118
herum 104
s Herz, -en / -e 124
herzlich 55, 66, 109
heute 32, 48, 52
e Hexe, -n 146, 192
hier 12, 17
hiermit 154
High-Tech 112
e Hilfe 110
e Himbeere, -n 42
r Himmel 163
hin·fallen fällt hin, fiel hin, ist hingefallen 76
hinten 173
hinter 99
hinunter·fallen fällt hinunter, fiel hinunter, ist hinuntergefallen 84
historisch 122
s Hobby, -s 14, 15, 57, 58
hoch 42, 98, 110, 122
s Hochdeutsch 120
s Hochhaus, ⸚er 66, 104
r Hochschulabsolvent, -en 151
e Hochschule, -n 148
höchste 69
höchstens 74, 119
e Hochzeit, -en 136, 158

r Hof, ⸚e 64
hoffen etw$_A$ 185
e Hoffnung, -en 104
höflich 183
holen etw$_A$ 51, 77, 96
s Holz 110
r Honig 74
hören etw$_A$ 11, 45, 81
e Hörprobe, -n 123
r Hörtext, -e 38
e Hose, -n 78
s Hotel, -s 67, 93, 112
r Hotelier, -s 124
hübsch 129, 130, 134
s Huhn, ⸚er 114
r Humor 183
r Hund, -e 106, 114
r Husten 71
r Hut, ⸚e 129, 163, 165

ich 7
e Idee, -n 28, 56
identisch 75
r Igel, - 163
Ihr 10
ihr 13, 18, 31
im Ernst 194
imaginär 165
imitieren jmd$_A$ / etw$_A$ 158
immer 55, 63, 66, 68, 70
e Immobilie, -n 62
r Import, -e 154
in 10, 95, 102
in Ordnung 53
incl. = inklusive 170
e Industrie, -n 67
e Industrie- und Handelskammer 154
e Information, -en 67, 112, 119, 121
informieren jmd$_A$ (über etw$_A$) 64
e Ingenieurin, -nen / r Ingenieur, -e 14, 108
r Inh. = Inhaber, - 166
s Inland 153
e Innenstadt, ⸚e 101
insgesamt 179
s Institut, -e 154, 155
intensiv 178
interessant 32, 68, 80
s Interesse, -n 103
interessieren sich$_A$ für jmd$_A$ / etw$_A$ 142, 161
international 13, 124
s Interview, -s 36, 66

r Schornstein, -e 64
r Schrank, ⸚e 24, 25, 58
schrecklich 84
schreiben *(jmd_D) etw_A*
    schrieb, hat geschrieben
    10, 16, 30, 58, 61, 70
e Schreibmaschine, -n
    106, 111, 115
schreien *(etw_A)* schrie,
    hat geschrien 77
r Schriftsteller, - 118
e Schublade, -n 25
r Schuh, -e 28
r Schulabschluß,
    -abschlüsse 150
Schularbeiten *(Plural)* 85
e Schuld, -en 142
e Schule, -n 86, 87
e Schülerin, -nen /
    r Schüler, - 14
s Schulfach, ⸚er 149
s Schulheft, -e 85
s Schuljahr, -e 148, 149
r Schulleiter, - 149
s Schulsystem, -e 149
e Schulzeit 150, 191
schützen 174
schwach 170, 192
r Schwager, ⸚ 193
e Schwägerin, -nen 193
schwarz 20, 37
schwarzhaarig 129, 130
s Schwein, -e 37, 73
schweißen *etw_A* 174
e Schweiz 158, 160
r Schweizer, - 158
schwer 74
schwer·machen 139
e Schwester, -n 114
schwierig 158
s Schwimmbad, ⸚er 47
schwimmen schwamm,
    ist / hat geschwommen
    45, 47, 70
schwitzen 80
r See, -n 103, 125
e Seebühne, -n 126
segeln *(Dir)* ist / hat
    gesegelt 126
sehen *etw_A / jmd_A* sieht,
    sah, hat gesehen 47,
    54, 70, 80, 89, 116
e Sehenswürdigkeit, -en
    126
sehr 15, 25, 58
sehr geehrte(r) 72
sein *Name_N / Beruf_N /
    Adj / Sit* war, ist ge-
    wesen 7, 18, 31, 88

seit 66, 75, 101, 122
e Seite, -n 13
s Seitenteil, -e 174
e Sekretärin, -nen 17
selber 106, 116, 120
selbst 58, 85, 112, 119
selbständig 146, 153
e / r Selbständige, -n (ein
    Selbständiger) 176
selbstverständlich 85
selten 134, 155, 165, 183
s Semester, - 151, 156
e Semmel, -n 123
e Sendezeit, -en 161
e Sendung, -en 158, 159
(s) Serbokroatisch 120
e Serie, -n 158, 159
servieren *etw_A* 160
servus 123
r Sessel, - 58
setzen *sich_A (Dir)* 187
e Show, -s 158, 161
r Showladen, ⸚ 158
sich 116
sicher 92
e Sicherheit 155
sie 25
Sie 7
siehe 158
Silvester 108
e Sinfonie, -n 119
singen *(etw_A)* sang, hat
    gesungen 158, 164,
    193
r Sinn 163
e Situation, -en 49
r Sitz, -e 122
sitzen *Sit* saß, hat
    gesessen 88, 99, 103
r Ski, -er 55, 78, 79, 106
(s) Slowenisch 120
so 17, 19, 30, 39
so ... wie ... 103
s Sofa, -s 191
sofort 42, 62, 89, 90, 114
sogar 58, 73, 114
r Sohn, ⸚e 99
solch- 165
r Soldat, -en 102
sollen soll, hat gesollt /
    hat ... sollen 72
s Sonderangebot, -e 41
sondern 28, 102
r Sonnabend, -e 54
e Sonne, -n 67
s Sonnenbad, ⸚er 47
r Sonnenschein 163
sonst 140, 151, 172, 178
sonstiges 179

(s) Sorbisch 120
e Sorge, -n 134
sorgen *für jmd_A / etw_A*
    177
e Sorte, -n 42
e Soße, -n 40
soviel 72
sowieso 167
sozial 103
r Sozialismus 102
e Sozialkunde 149
Sozialleistungen *(Plural)*
    153
s Sozialwesen 149
sparen 184
r Spaß, ⸚e 31
spät 53, 106, 108
später 14, 89
spätestens 87
spazieren·gehen *(Sit)*
    ging spazieren, ist
    spazierengegangen 55
r Spaziergang, ⸚e 47, 74
e Speisekammer, -n 57
e Speisekarte, -n 37
e Spezialität, -en 166
r Spiegel, - 58
s Spiel, -e 31, 52, 75, 82
spielen *etw_A* 12, 15, 16
r Spieler, - 31
r Spielfilm, -e 157, 187
e Spielshow, -s 158
r Sport 56, 72, 74, 118
e Sportlerin, -nen /
    r Sportler, - 118
sportlich 133, 135
r Sportwagen, - 114
e Sprache, -n 107, 120
s Sprachinstitut, -e 154
Sprachkenntnisse *(Plural)*
    153
sprachlich 149
s Sprachpraktikum,
    -praktika 154
sprechen *(mit jmd_D) (über
    etw_A)* spricht, sprach,
    hat gesprochen 16, 30,
    37, 48, 70, 89, 116, 120
r Sprechfunk 160
e Sprechstunde, -n 69, 72
spritzen *etw_A* 174
r Spruch, ⸚e 134
e Spüle, -n 24, 25, 26
spülen *etw_A* 30, 106
s Spülmittel, - 41
r Staat, -en 120, 124, 125
staatlich 149, 176
s Stadion, Stadien 186
e Stadt, ⸚e 90, 97, 103

Städt. = städtisch 149
e Stadtsparkasse, -n 179
r Stahl 118
e Stammkneipe, -n 188
ständig 80
stark 42
stattdessen 114
statt·finden fand statt, hat
    stattgefunden 52
s Steak, -s 36, 37, 38, 41
e Steckdose, -n 21, 113
stecken *Sit* 138
r Stecker, - 21, 22
stehen *Sit* stand, ist / hat
    gestanden 74, 99, 122
stehen *jmd_D* stand, hat
    gestanden 135
stehen·bleiben blieb
    stehen, ist stehen-
    geblieben 165
r Stein, -e 160
e Stelle, -n 139, 146, 156
stellen *etw_A Dir* 92, 100
stellen *eine Frage* 178
s Stellenangebot, -e 139
e Stellensuche 139, 151
sterben stirbt, starb, ist
    gestorben 114, 119
r Sterntaler, - 158
e Steuer, -n 170
steuern *etw_A* 160
e Stewardess, -en 143
s Stichwort, ⸚er 178, 188
r Stil, -e 103
still 88
stimmen 31, 108
e Stirn 69
r Stock, Stockwerke 62,
    67
stören 48, 64, 74
e Störung, -en 74, 114
e Story, -s 158, 160
r Strand, ⸚e 67
e Straße, -n 10, 101, 102
r Streit, Streitigkeiten 64
streiten *sich_A (mit jmd_D)*
    stritt, hat gestritten
    181, 184
streng 189, 192
r Streß 72, 74, 114, 115
e Strickjacke, -n 135
r Strom, ⸚e 113
r Strumpf, ⸚e 129, 135
s Stück, -e 41
e Studentin, -nen /
    r Student, -en 16, 55
studieren *etw_A* 14, 16
s Studio, -s 93, 112, 158
s Studium 119

r Stuhl, ‑̈e 21, 23, 24, 25
e Stunde, ‑n 62, 87, 122
r Stundenlohn, ‑̈e 177
suchen *etw*$_A$ / *jmd*$_A$ 63,
  88, 89, 119
e Suchmeldung, ‑en 89
Süd‑ 121
r Süden 101, 120
südlich 125
e Summe, ‑n 179
Super 169
s Superbenzin 170
r Supermarkt, ‑̈e 86, 94
e Suppe, ‑n 35, 37, 40
surfen 14, 45
süß 40, 42
s Symbol, ‑e 102

e Tabelle, ‑n 62
e Tablette, ‑n 71, 73, 114
r Tag, ‑e 7, 17, 62, 70, 79
e Tagesschau 158
Tagesthemen (*Plural*)
  158
täglich 69, 98, 101
e Talkshow, ‑s 158, 161
r Tank, ‑s 173
tanken 173
e Tankstelle, ‑n 104
r Tankwart, ‑e 173, 176
e Tankwartin, ‑nen 176
e Tante, ‑n 114
r Tanz, ‑̈e 52
tanzen 45, 70, 95
e Tasche, ‑n 100, 105
e Taschenlampe, ‑n 22
r Taschenrechner, ‑ 21
e Tasse, ‑n 35
r Tatort, ‑e 158, 160
e Tatsache, ‑n 194
tatsächlich 168
e Taube, ‑n 64
tauschen *etw*$_A$ (*mit jmd*$_D$)
  47
s Taxi, ‑s 178
r Taxifahrer, ‑ 146, 178
s Team, ‑s 153
e Technik 14, 112
technisch 116
s Technische Zeichnen 149
r Tee, ‑s 35, 71
r / s Teil, ‑e 98, 102, 120,
  132, 174
e Teilnahme 149
e Tele-Illustrierte, ‑n 158
s Telefon, ‑e 10, 21, 62
telefonieren (*mit jmd*$_D$)
  86, 89, 95

e Telefonistin, ‑nen 17
e Telefonzelle, ‑n 67, 94
e Telefonzentrale, ‑n 156
r Teller, ‑ 33, 37
s Temperament, ‑e 134
s Tennis 16, 52, 55, 70,
  82, 106, 108
r Tennisplatz, ‑̈e 153
r Teppich, ‑e 59, 90
r Termin, ‑e 54, 111
e Terrasse, ‑n 57, 62, 64
testen *etw*$_A$ 170, 176
teuer 60
r Text, ‑e 16, 41, 88, 122
e Textilarbeit, ‑en 149
s Textilgeschäft, ‑e 94
s Theater, ‑ 56, 81
s Theaterstück, ‑e 157
e Theke, ‑n 166
s Thema, Themen 72
e Theologie 156
tief 125
e Tiefgarage, ‑n 62
s Tier, ‑e 114
r Tip, ‑s 74
r Tisch, ‑e 21, 22, 26, 58
r Tischler, ‑ 90
s Tischtennis 45, 47, 54
s Toastbrot, ‑e 37
e Tochter, ‑̈ 138, 160
r Tod 122
e Toilette, ‑n 62, 89
tolerant 103
toll 146, 187, 188
e Tomate, ‑n 41
r Ton, ‑̈e 112
r Topf, ‑̈e 21, 23
s Tor, ‑e 102
e Torte, ‑n 47
tot 160, 186
total 83
e / r Tote, ‑n (ein Toter) 160
töten *jmd*$_A$ 186
r Tourist, ‑en 67, 122
tragen *etw*$_A$ trägt, trug,
  hat getragen 106
e Tragödie, ‑n 160
r Tramper, ‑ 18
r Traum, ‑̈e 63
r Traumberuf, ‑e 147
träumen *etw*$_A$ / *Adj* 50
r Traumjob, ‑s 151
traurig 129, 163, 167
treffen *jmd*$_A$ trifft, traf,
  hat getroffen 51, 53,
  67, 81, 103
r Treffpunkt, ‑e 98
treiben *etw*$_A$ trieb, hat
  getrieben 72, 74

treiben *Sport* trieb, hat
  getrieben 193
trennbar 83
trennen *sich*$_A$ (*von jmd*$_D$)
  176
e Treppe, ‑n 84
s Treppenhaus, ‑̈er 57
treu 134
e Trickfilmschau 158
trinken *etw*$_A$ trank, hat
  getrunken 34, 45, 70
r Trinker, ‑ 42
s Trinklied, ‑er 164
trocken 40
e Trompete, ‑n 75
tropfen 91
r Tropfen, ‑ 72
trotzdem 63, 103
tschüß 53, 123
tun *etw*$_A$ tat, hat getan
  65, 69, 73, 92
e Tür, ‑en 90, 91
r Turm, ‑̈e 98
r Typ, ‑en 138, 160, 170
typisch 42

e U-Bahn, ‑en 186
üben (*etw*$_A$) 36, 54, 78
über 72, 98, 104
über … nach … 101
überall 42, 120, 125
überfahren *jmd*$_A$ / *etw*$_A$
  überfährt, überfuhr, hat
  überfahren 160
überflüssig 115
überhaupt 44
überlegen (*etw*$_A$) 82, 114
übernachten *Sit* 95
e Überstunde, ‑n 177
e Überweisung, ‑en 179
überwiegend 179
überzeugt 173, 186
übrig 179
übrigens 17, 114
e Übung, ‑en 37, 53, 55,
  74
s Ufer, ‑ 124
e Uhr, ‑en 26, 27, 28
e Uhrzeit, ‑en 53, 86
um 50, 125
um … herum 104
e Umfrage, ‑n 155
e Umgebung, ‑en 103
r Umschlag, ‑̈e 165
r Umweg, ‑e 165
um·ziehen zog um, ist
  umgezogen 58, 83, 90
r Umzug, ‑̈e 114

unbedingt 72, 74, 75, 115
und 7, 28
r Unfall, ‑̈e 83, 84, 169
r Unfallwagen, ‑ 171
unfreundlich 182
ungefähr 125
ungewöhnlich 156
ungewohnt 102
unglaublich 158, 160
s Unglück, Unglücksfälle
  79
unglücklich 160, 162
unhöflich 183
e Uni, ‑s 151
uninteressant 161
e Universität, ‑en 98
unmöglich 72
e Unordnung 187, 188
unpraktisch 60
unregelmäßig 176
unruhig 165, 182
uns 186
r Unsinn 80
unsportlich 133
unten 42, 76
unter 98, 99
unterhalten *sich*$_A$ mit
  jmd$_D$ über *etw*$_A$
  unterhält, unterhielt, hat
  unterhalten 183, 187
e Unterhaltung 158, 161
s Unternehmen, ‑ 153
r Unterricht 79
r Unterschied, ‑e 42
unterschiedlich 176, 178
unterstreichen *etw*$_A$
  unterstrich, hat
  unterstrichen 133
e Untersuchung, ‑en 185
unverheiratet 189
unwichtig 155, 192
unzufrieden 146, 147,
  184
e Urgroßmutter, ‑̈ 190
r Urgroßvater, ‑̈ 193
r Urlaub 67, 78, 106, 113
s Urlaubsgeld 153, 177
e Ursache, ‑n 74
s Urteil, ‑e 64, 65
e Ururenkelin, ‑nen 191
e Ururgroßmutter, ‑̈ 191
usw. = und so weiter 174,
  179

r Vagabund, ‑en 165
e Variante, ‑n 123
e Vase, ‑n 105
r Vater, ‑̈ 83, 85, 107, 119

Quellennachweis

Seite 14: Heuernte: © Monique Jacot, Archiv Schweiz. Käseunion AG, Bern

Seite 24: Küchenschrank rechts, Spüle rechts, Küchenregal rechts: Leicht GmbH, Schwäbisch Gmünd; *Lampe rechts:* Häcker-Küchen GmbH, Rödinghausen

Seite 28: Damenschuh-Telefon: Albrecht Telefontechnik, Trittau; *Helm-Fernseher:* Philips GmbH, Hamburg; *Parkuhr-Radio:* Werner Bönzli, Reichertshausen

Seite 33: Wolfgang Isser, Ismaning

Seite 43: Biergarten: © H. Weidner-Weiden/Superbild, München; *Ehepaar (unten links):* © SSI, Bavaria Bildagentur, Gauting

Seite 46/47: MS Europa, Hapag-Lloyd AG, Bremen

Seite 67: Ostseeinsel Hiddensee: Schöning & Co. + Gebrüder Schmidt, Lübeck; *Strandhotel:* Haus am Hügel, Kloster/Hiddensee

Seite 72: Foto: © Heinz Röhner, Bilderdienst Süddeutscher Verlag, München; *Text nach „Leser fragen – Dr. Braun antwortet".* Sprechstunde, VITAL 8/82

Seite 75: Fußballspiel: © Bernd Ducke/Superbild, München; *„Jochen ist erkältet", „Roland hat Halsschmerzen", „Roland spielt Trompete":* Wolfgang Isser, Ismaning

Seite 76/77: Wolfgang Isser, Ismaning

Seite 98: ICC Berlin, Mauerrest, Gedächtniskirche: © Eric Bach/Superbild, Berlin; *Fernsehturm:* © G. Gräfenhain/Superbild, Berlin; *Weltzeituhr, Humboldt-Denkmal:* Werner Bönzli, Reichertshausen

Seite 102: Brandenburger Tor: Landesbildstelle Berlin; *Alexanderplatz:* © G. Gräfenhain/Superbild, Berlin; *Karte „Transitwege":* Werner Bönzli, Reichertshausen

Seite 103: Kurfürstendamm: © H. Bramaz/Superbild, Berlin; *Wohnungsnot:* © ADN/dpa Frankfurt; *Freizeit am See:* Landesbildstelle Berlin

Seite 112: Video-Walkman: © Heiko Preller, Düsseldorf/SONY Deutschland

Seite 113: Video-Walkman: SONY Deutschland; *einmontierte Fotos: Nachrichten:* © Holzschneider/ dpa Frankfurt; *Sandkasten, Hausfassade:* Werner Bönzli, Reichertshausen; *Fotomesse:* © Tschauner/ dpa Frankfurt

Seite 117: Dr. Paul Schwarz, Landau

Seite 122: Zeitglockenturm: Verkehrsverein Bern; *St.-Michaeliskirche:* Tourismus-Zentrale, Hamburg; *Römerberg:* © M. Schultes, Offenbach/Verkehrsamt Frankfurt; *Kölner Dom:* © R. Rudolph/Verkehrsamt der Stadt Köln; *Riesenrad Wien:* © Mayer/ÖFV Wien; *Zwinger in Dresden:* Dieter Rauschmayer, Vaterstetten; *Philharmonie Berlin:* Werner Bönzli, Reichertshausen

Seite 124: Reliefkarte Bodensee: entnommen dem Bodensee-Magazin, Konstanz

Seite 126: Tourist am Bodensee: Grasser, Luxemburg; *Insel Mainau:* Blumeninsel Mainau GmbH, Foto-Archiv; *Seebühne Bregenz:* Bregenzer Festspiele GmbH; *Zeppelin-Museum:* © Toni Schneiders, Lindau; *Klosterkirche Birnau, Pfahlbaudorf:* Fremdenverkehrsbetriebe, Uhldingen-Mühlhofen; *Rheinfall bei Schaffhausen:* Verkehrsbüro Schaffhausen, Schweiz

Seite 127: 1: © Gert Mothes, Leipzig; 2: Dieter Rauschmayer, Vaterstetten; 3: Fremdenverkehrsamt München (Stefan Moses); 4: © WFVV, Wien (Strohmer); 5: Tourist Information Kiel e.V.; 6: Zuerich Tourist Association, Zürich; 7: Verkehrsverein Basel

Seite 139: Foto: Franco Zehnder, Leinfelden-Echterdingen; *Text:* STERN – Michael Ludewigs

Seite 144: Reza Bönzli, Reichertshausen

Seite 158: Foto links: Peter Rollepatz, Neuwied; *Fotos rechts:* © Manfred Mothes / Superbild

Seite 159: A, C: IFA-Bilderteam, München (UPA, West Stock); *B, F:* Taurus Film, Unterföhring; *D:* Dagmar März, München; *E:* Interfoto, München (F. Rauch)

Seite 160: Fotos links und rechts: Taurus Film, Unterföhring; *Foto Mitte:* Interfoto, München

Seite 165: BRIGITTE – *Foto:* Jörg Jochmann; *Text:* Gabriele Birnstein

Seite 170: von links: Fiat, Renault, Adam Opel AG, Ford-Werke

Seite 174: Volkswagen Foto-Service

Seite 175: Adam Opel AG

Seite 179: Globus-Kartendienst, Hamburg

Seite 189: Fotos oben: Archiv für Kunst und Geschichte, Berlin; *unten links:* H. Hiereth, Ismaning; *unten rechts:* Dieter Rauschmayer, Vaterstetten

Seite 190/191: R. Sennewald, Krummbek

Übrige Fotos: Jutta Müller, Bockhorn-Jührdenerfeld (Seite 140, 146 und 185); Werner Bönzli, Reichertshausen (Seite 16 oben, 34/35 links, 63 oben, 78, 89, 130, 133, 135, 150, 152 rechts, 153, 154, 164 unten und 188); Christian Regenfus, München (Seite 151, 152 links, 162, 164 oben, 167, 171, 177, 178 und 184); Franz Specht, Melusinen-Verlag München (Seite 13 bis 17, 24, 28, 34/35, 40, 42, 43, 54, 58, 63, 66, 73 bis 75, 82, 83, 89, 108, 114, 119 und 122)